지금 당장 시작하는
패시브 인컴 만들기

지금 당장 시작하는 패시브 인컴 만들기

발행일	2024년 2월 1일

지은이	이종남		
펴낸이	손형국		
펴낸곳	(주)북랩		
편집인	선일영	편집	김은수, 배진용, 김부경, 김다빈
디자인	이현수, 김민하, 임진형, 안유경, 최성경	제작	박기성, 구성우, 이창영, 배상진
마케팅	김회란, 박진관		
출판등록	2004. 12. 1(제2012-000051호)		
주소	서울특별시 금천구 가산디지털 1로 168, 우림라이온스밸리 B동 B113~114호, C동 B101호		
홈페이지	www.book.co.kr		
전화번호	(02)2026-5777	팩스	(02)3159-9637

ISBN	979-11-93716-62-5 03320 (종이책)	979-11-93716-63-2 05320 (전자책)

(주)북랩 성공출판의 파트너

북랩 홈페이지와 패밀리 사이트에서 다양한 출판 솔루션을 만나 보세요!

홈페이지 book.co.kr • **블로그** blog.naver.com/essaybook • **출판문의** book@book.co.kr

작가 연락처 문의 ▶ ask.book.co.kr

작가 연락처는 개인정보이므로 북랩에서 알려드릴 수 없습니다.

지금 당장 시작하는 패시브 인컴 만들기

이종남 지음

북랩

우리 대한민국은 저출산 문제가 매우 심각하여 미래의 가장 큰 위협으로 꼽힌다. 영국 옥스퍼드대 데이비드 콜맨 교수는 인구감소로 인해 '지구상에서 가장 먼저 사라질 나라'로 한국을 꼽았다. 30년 전 예비군 훈련장에서 보건소 차량이 나와서 무료로 불임수술을 해주고 훈련을 면제해주던 시절도 있었으니 국가의 미래 예측은 정말 어려운 것 같다. 저출산 문제는 개인보다는 국가적인 정책으로 극복해야 하고, 우리는 어렵게 이곳에 태어났으니 평생 잘 살아야 한다.

이 책에서는 자본주의 사회에서 경제적 자유를 달성하기 위해 가장 짧은 시간에 가장 위대하게 우리의 인생을 바꿀 방법을 다루고 있다.

세상 대부분의 사람들이 자신의 시간, 몸, 행동으로 수익을 얻고 있는 것을 액티브 인컴(Active Income)이라 하는데 직장인, 자영업자, 노동자 등의 소득이다. 반면에 노동을 하지 않고 돈이 들어오는 패시브 인컴(Passive Income)은 금융이자, 임대료, 인세, 부동산 소득 등이 있다.

패시브? 게임을 많이 하셨던 분들이라면 들어보셨을 것이다. 아무엇도 하지 않아도 발동되는 자신의 능력이다. 즉, 나는 캠핑장에서 놀고 있는데 돈이 들어오는 상태를 말한다.

인생 수명 80살이라 할 때 부모님 도움으로 30살을 살고, 이후에 독립하여 직장생활 30년 하고 노후 20년의 삶을 어떻게 보낼 것인가? 금수저로 태어나지 않는 한 지금부터 준비하고 행동해야만 가능하다.

액티브 인컴으로 살면서 종잣돈을 모으고, 각종 투자 생활을 통해 파이프 라인을 계속해서 만들고 패시브 인컴의 수익이 높아지게 해야 한다. 액티브 인컴의 노동력은 정년 등 한계가 있으므로 패시브 인컴으로 돈을 만들고 자산을 늘려가며 돈이 일하는 시스템을 만드는 것이 우리의 목표다.

어리석은 사람은 자신만 열심히 일하고 돈은 놀리는 사람일 것이다. 이 말에 사람들은 '돈이 있어야 투자를 하고 예금을 할 것이 아닌가' 할 수도 있겠지만 다시 쳇바퀴 도는 고정관념의 사고로는 절대 앞으로 나아갈 수 없다.

오늘은 사람이 붐비는 지하철역 계단에 웅크리고 앉아서 지나가는 사람들에게 구걸을 하는 노파를 보게 되었다. 그 노파는 왜 늙음의 준비를 하지 못한 채 구걸을 하고 있을까? 젊어서 노후의 준비를 못 하고 인생의 절벽 밑바닥에 떨어진 노인들이 많다고 한다.

"저년이 나보고 젊어서 뭐 했길래 이렇게 사느냐고 그래요. 야, 이년아! 너도 나같이 돼라!"

노파의 저주 소리가 온종일 귀에 박히고, 뼈에 사무치는 것 같이 느껴지는 하루다. 우리의 젊음은 어느 순간에 증발하고, 늙고 가난하게 되면 삶이 힘들게 된다. 미래 자신의 삶을 상상하며 현재 내가 살아가는 방법이 맞는지 뒤돌아보게 한다.

여러분, 혹시 현실에서 이런 경험은 없었나? "A주식은 절대로 떨어지지 않아, 그냥 사!" 확신하고 주식투자를 했다가 무참히 손실 본 적은 없었나? "저런 곳의 아파트는 너무 비싸!" 생각하고 지나갔는데 갑자기 개발 소식이 들리고 폭등한 것을 보고 후회한 적 없었나?

이와 같이 우리의 통밥(주먹구구, 어림짐작)은 결과를 보면 많은 차이가 있고, 때로는 커다란 손실을 낳기도 한다. 어림짐작을 경제학 용어로는 휴리스틱(heuristics)이라 하는데 우리의 철저한 분석은 상당한 지식 위에 심리적 비용이 발생하기 때문에 빠르고 편리한 방법으로 활용되고 있으나, 이는 본능적으로 잘못 투자를 했다가 어려움을 겪게 하기도 한다. 따라서 이러한 사태를 극복하는 방법은 책을 통해 충분한 지식을 쌓는 것이다.

인생이란 알고 보면 자기와의 싸움이다. 진정으로 싸워 이겨야 할 대상은 타인이나 세상이 아니라 '나 자신'이다. 부자가 되겠다고 마음을 먹으면 당신이 잠자는 밤에도 패시브 인컴이 생긴다. 오늘도 '열공'하는 여러분의 건투를 빈다!

2024년 2월

이종남

부모가 부자면 서로 모시려고 하고, 부모가 가난하면 외면받고 찬밥 신세가 된다. 부모님들은 돌아가시기 전까지 재산을 꼭 쥐고 있어야 하지만, 자식들의 갖은 농간(불쌍한 척, 떼쓰기, 협박)에 빼앗기기도 한다. 고독사, 무연고사의 유품 정리를 하다 보면 돈다발 뭉치도 나온다고 한다. 살아생전에 일군 재산을 제대로 써보지도 못하고 세상을 떠난다.

여러분들도 공감할, 우리나라 정서상 금기어가 있다. '돈', '죽음', '성(性)'.
부모 자식 간 대화를 자주 할수록 분쟁의 소지는 줄어든다. 서로 막연히 각자의 상식을 기대하고 때가 되면 자연스럽게 합의가 되겠지 하다가 결국은 집안싸움이 나게 된다. 재산이 많고 적고와 관계없이 자식들 사이에서 분쟁이 나면 평생 원수가 된다. 따라서 재산 정리를 못한 부모의 책임이라고 한다.

어느 집이든 증여나 상속에 대해 가족끼리 얘기 한 번 없다가 갑자기 아버지가 돌아가시면 걱정이 된다. 아버지 앞으로 재산이 얼마나 되고, 대출금이 얼마나 있는지 몰라서 사망신고 후 모든 금융자료가 뜨기 전 가족이 불안해진다.
다행히 모르는 빚은 나오지 않고, 생각하지 않았던 삼성전자 보유 주식이 나왔다면 준비되지 않은 상속으로 인해 가족 간 집안싸움이 난다.

오늘 이 책을 통해 경제적 자유를 얻고자 하는 것도 부자가 되어 노후에 풍요로운 삶을 살아가고 후대에도 가족 간 원수가 되지 않도록 준비하는 것이다.

🪙 들어가며

🪙 어떤 책을 읽고, 어떤 배움을 얻느냐에 따라 인생은 전혀 달라진다고 한다. 이 책을 통해 독자의 삶이 윤택하게 될 것으로 확신한다.

🪙 학교에서나 사회에서 누구도 가르쳐주지 않는, 부자 되는 법을 오랜 실전 경험으로 터득한 필자의 지식을 독자에게 전하고자 책으로 만들게 되었다.

🪙 경제에 대한 초보자도 쉽게 이해할 수 있도록 구성하였고 탁월하게 종잣돈을 만들어 패시브 인컴에 도달하고, 최종적으로 독자가 잠자는 시간에도 돈을 벌 수 있도록 책을 만들었다.

🪙 경제적으로 부유한 독자에게는 현재의 자산을 실패 없이 더욱 늘리고 유지하는 금융상품과 부동산으로 실전에 유리하다.

🪙 부동산 양도 관련 세법을 세무서에 가서 물어봐도 확실치 않고 독자 각자의 경우마다 비과세 받는 부분을 알고 대응하고

자 할 때 필요한 책이다.

ⓦ 아파트 청약제도에서 당첨 기회를 높이는 방법과, 지역주택조합의 문제점과 가입을 지양해야 하는 이유가 있다.

ⓦ 많은 사람들이 관심을 갖고 있는 주식투자의 기본 원칙과 코스피 주가지수의 지나온 흐름을 살펴보고, 주식투자의 지양 사유를 확인한다.

ⓦ 은행, 보험, 증권사도 자신들 이익에 도움이 되는 상품만 판매할 뿐 고객에게 진짜 도움이 되는 금융 지식은 알려주지 않는다.

ⓦ 부동산 절세하는 방법을 소득세법 시행령 155조를 근거로 비과세 항목을 상세하게 다루었다.

ⓦ 소액 단기로 투자하는 개인과 부동산 매매사업자, 법인의 세금 비교를 통하여 절세를 할 수 있도록 하였다.

ⓦ 부동산 부부 공동명의의 장단점과 증여세, 상속세, 부담부 증여 세법을 알고 대응하도록 하였다.

ⓦ 부동산 기본 서류 이해와 부동산 경매 지식 및 실전, 그리고 재개발과 재건축의 차이점 및 건축, 도시계획 용어 정의를 확실히 하였다.

ⓦ 적은 돈으로 토지투자와 꼬마빌딩투자로 수익을 올리는 여러 가지 방법을 알기 쉽게 다루었다.

지금 당장 시작하는
패시브 인컴 만들기

목차

1. 부자 되는 경제 학습

현대사회에서 가난은 정신병이다!
돈을 벌 수 있는 기회가 너무 많은데 계속 가난하게 살고 있는
것은 자기가 가난을 선택했기 때문이다.

- S그룹 회장

내가 잠자는 동안에도 돈이 들어오는 방법을 찾지 못한다면,
당신은 죽을 때까지 일을 해야만 한다.

- 워런 버핏

나답게 살기 위해 꿈을 높게 갖고 매사 전진하다 보면 생각대로
이루어진다는 것이 필자의 철학이다. 부자가 되기 위한 나의 2가
지 라이프스타일에서 액티브 인컴(노동임금, 월급, 아르바이트)보다 패
시브 인컴(투자수익, 로열티, 임대료, 수동소득)의 수입을 구성한다. 내
가 경제에 대한 아는 만큼 부자가 되는 것은 당연하다. 서점에 가
서 부지런히 재테크 관련 책을 구매하여 탐독하고, 부자들과 친하

게 지낸다.

파이어족(FIRE: Financial Independence Retire Early)이라고 해서 일찍 경제적 자유를 이뤄 자발적 회사 조기 퇴직을 추구하는 사람들이 늘고 있다. 준비하고, 실패를 두려워하지 마라. 지금의 실패가 어쩌면 당신을 더 높은 자리로 인도하는 성장의 밑거름이 된다.

2. 연령별 수입 원칙

☐ 10대에 버는 돈은 솜사탕이다. 왜냐면 거품처럼 사라지고 잡기만 해도 녹는다.

☐ 20대에 버는 돈은 모래다. 왜냐면 잡아도 흘러내리고 뭉쳐지지 않는다.

☐ 30대에 버는 돈은 종자다. 왜냐면 어떤 씨앗을 가졌느냐에 따라 남은 생이 바뀐다(알곡과 쭉정이).

☐ 40대에 버는 돈은 흙이다. 왜냐면 불에 달구면 벽돌보다 단단해지기 때문이다(이때가 기회다).

☐ 50대에 버는 돈은 꽃이다. 왜냐면 가장 아름답지만 곧 시든다(다행히 모으고 유지하는 능력이 최고조다).

☐ 60대에 버는 돈은 소금이다. 왜냐면 아무리 멋지게 보려 해도 짠하다(인생은 지금부터다).

☐ 70대에 버는 돈은 피와 같다. 왜냐면 남은 목숨을 팔기 때문이다(건강과 행복이 중요하다).

3. 시드머니(Seed Money, 종잣돈)

(1) 종잣돈이란

씨앗이 되는 돈을 종잣돈이라 하는데 식물이 자라기 위해서는 씨앗이 필요하듯이 우리의 돈이 자라나기 위해서는 시드머니라고 하는 목돈이 필요하다. 그렇다면 우리의 종잣돈은 어디서 나오는 것일까? 내가 하는 노동인 경제활동, 즉 매달 버는 월급에서 비롯되는데 일을 해야 소득이 되는것은 액티브 인컴(Active Income)이다.

시드머니(종잣돈)를 만드는 이유는 노동하지 않아도 들어오는 패시브 인컴(Passive Income)을 만들기 위함이다. 자본이 나를 위해 일하도록 만들면 우리가 굳이 일을 하지 않아도 수입이 생긴다.

따라서 이런 시스템을 만들어야 한다. 내가 잠자는 동안에도 돈이 들어오도록 해야 한다.

(2) 종잣돈의 장애물

시드머니를 모아야 한다는 것은 알고 있고, 이것이 부자로 가는 티켓이라고 해도 우리가 쉽게 돈을 모으지 못하는 이유가 있다. 첫째로 기본적으로 당장 하고 싶은 일과 돈을 쓸 일이 많고(욜로), 둘째는 지금 내가 모으는 돈과 목표하는 금액의 괴리가 너무 커서 포기하는 경향이 있다(예: 서울 집값이 최소 10억 원인데 매월 200만 원씩 적금을 든다면 500개월이다. '돈을 쓰지 않고 40년 동안 모은다는 것은 무리야!'라고 생각한다. 하지만 아인슈타인도 풀지 못한 예금의 복리로 계산하면 가능하다).

(3) 미래의 패시브 인컴을 위해서

미래의 안정적인 패시브 인컴을 생각하며 시드머니를 만든다. 봄에 파종하는 봄보리에 비해 가을에 파종하여 추운 겨울을 거친 가을보리가 수확이 훨씬 많고, 맛도 좋다고 한다.

눈부신 인생의 꽃들도 혹한을 거친 뒤에야 피는 법이다. 나의 미래 인생을 상상하고 지금부터 출발이다!

지금 당장 시작하는 패시브 인컴 만들기

4. 부자 되는 금융 생활 길잡이

은행 이율은 낮고, 저축은행은 불안하고, 새마을금고는 왠지 믿을 수 없는 투자자는 지금부터 공부하여 좋은 방법을 찾는다. 초보자는 예금자보호(5천만 원) 상품에서 이자율이 높은 것으로 선택을 하고, 나아가 증권사의 발행어음과 채권으로 투자한다.

(1) 은행 예적금: 마이뱅크(앱), 은행(앱)

□ 마이뱅크의 예금 비교 사이트에서 정기적금과 정기예금의 예금 비교.

□ 검색 조건 변경에서 예치기간, 금융기관, 세율, 이자지급방식, 가입채널, 지역으로 검색할 수 있다.

□ 환전과 환율 비교를 빠르게 할 수 있다.

재테크를 하려면 휴대폰에 자주 이용하는 유익한 앱을 깔아놓고 활용한다. 마이뱅크, 은행, 카드사, 보험사, 청약홈, 부동산계산기, 국세청(손택스), 인터넷등기소, 호갱노노, 네이버부동산, KB부동산, 경매 사이트 등을 이용한다. 전국은행연합회와 금융감독원의 사이트에 들어가 은행금리 비교를 하는데, 마이뱅크 앱을 사용하면 간편하다. 예금 비교 사이트에서 적금과 예금을 확인하고, 나에게 맞는 검색 조건으로 검색할 수 있다.

그 외 아파트 청약을 위한 청약홈과 각종 세금을 확인하기 위한 국세청(손택스), 부동산계산기를 활용한다. 또한 부동산투자정보 습득을 위한 호갱노노, 네이버부동산, 경매 사이트 등을 활용한다.

재테크에 관심을 갖고 생활을 하다 보면 어느덧 부자가 된다.

금융기관의 종류		
은행 (제1금융권)	- 일반은행(시중은행, 지방은행, 외국은행 지점) - 특수은행(한국산업은행, 한국수출입은행, 중소기업은행, 농협은행, 수협은행)	
비은행 예금취급 (제2금융권)	- 상호저축은행 - 신용협동기구(신용협동조합, 새마을금고, 상호금융) - 우체국예금 - 종합금융회사	- 공적금융기관 (한국무역보험공사, 한국주택금융공사, 한국자산관리공사, 한국투자공사, 서민금융진흥원)
금융투자업자 (제2금융권)	- 투자자매매중개(증권회사, 선물회사) - 집합투자업자 - 투자일임자문 - 신탁업자	
보험회사 (제2금융권)	- 생명보험회사 - 손해보험회사 - 우체국보험 - 공제기관	
기타 금융기관 (제2금융권)	- 금융지주회사 - 여신전문금융회사(리스, 카드, 할부금융) - 벤처캐피탈회사 - 증권금융회사 - 제3금융권(대부업체)	

금융기관은 수요자, 공급자를 대상으로 각종 금융 서비스를 제공하는 기관이다. 우리나라에서는 은행, 비은행 예금취급 기관, 보험회사, 금융투자회사, 기타 금융기관, 금융보조기관 등으로 분류되고 있다.

예금을 받아 그 돈을 자금으로 대출, 어음거래, 증권의 인수 등 업무를 한다. 예금자보호제도로 예금을 5천만 원 한도 내 보증을 받는다.

① 제1금융권(시중은행)

제1금융권	
6대은행	신한은행, KB국민은행, 우리은행, 농협중앙회, KEB하나은행, IBK기업은행
지방은행	BNK부산은행, 전북은행, 광주은행, 제주은행
인터넷은행	toss bank, kakaobank, Kbank
그 외	sh BANK, KDB산업은행, standard chartered bank

예금을 받아서 대출해주는 것으로 수지를 맞추는 은행이다. 제일 안정적이고, 대출 기준이 높고, 낮은 이자율을 제공한다.

국민, 우리, 신한, 농협, 제일, 기업, 씨티, 인터넷은행(카카오뱅크, 케이뱅크, 토스뱅크), 지역은행(부산, 대구, 광주, 경남, 전북, 제주), 및 그 외 은행이 있다.

② 제2금융권(비은행 예금취급기관)

제2금융권	
저축은행	BNK저축은행, 하나저축은행, 웰컴저축은행, HK저축은행, 동부저축은행, TS저축은행, IBK저축은행, SBI저축은행, 신한저축은행, OK저축은행, NH저축은행, DAOL저축은행
증권사	한국투자증권, 삼성증권, NH투자증권, KB증권, 키움증권, 미래에셋대우, 현대차증권, 메리츠증권, SK증권
캐피탈	BNK캐피탈, 비씨카드, JB우리캐피탈, NH농협캐피탈, 우리금융캐피탈, 신한카드, 현대카드, 롯데캐피탈
보험사	현대해상, 미래에셋생명, KB손해보험, 신한생명, DB, 한화생명

소규모 금융기관으로 안정성이 다소 낮고, 1금융권보다 높은 이자율을 지급하고, 대출 승인 조건이 낮으나 상대적으로 영업 범위가 제한되어 있다.

우체국예금보험, 저축은행, 지역농협, 수협, 신협, 새마을금고, 보험사, 카드사, 증권사, 캐피탈 등이 이에 해당된다.

③ 제3금융권(대부업체)

제3금융권에 속하는 대부업체는 러시앤캐시, 산와머니, 월컴굿레딧, 미즈사랑, 리드코프 등이 있다.

고금리이기 때문에 시중은행이나 저축은행, 캐피탈 등에서 돈을 빌릴 수 없는 분들이 대부업체를 이용한다. 대출금리가 싸다고 해도 받는 순간 신용점수가 나락으로 떨어지게 되므로 되도록 이용하지 않는 것이 좋다.

대부업체 이용 시 불법사채 피해를 막기 위한 10가지 체크 사항

① 정책서민금융상품 이용이 가능한지 확인할 것
② 정식 대부업체인지 확인할 것
③ '등록 대부업체 통합조회'에 등록되지 않은 전화는 받지 말 것
④ 출처가 확인되지 않는 대출 관련 홈페이지, SNS 등에 개인정보를 남기지 말 것
⑤ 신체 사진, 지인 연락처, 휴대폰 앱 설치를 요구하는 업체와 거래하지 말 것
⑥ 연 20% 초과 대출금리 수취는 불법
⑦ 대부계약서를 꼭 요구해서 확인, 보관할 것
⑧ 통장이나 휴대폰, 신분증을 대부업체에 맡기지 말 것
⑨ 채무자대리인 제도 및 경찰, 금감원 신고를 적극 활용할 것
⑩ 빚이 많다면 채무조정제도를 고려할 것

---

④ 예금자보호제도

예금자보호제도는 금융기관이 파산하게 되는 경우에 '예금보험공사'에서 원금과 소정의 이자를 합해 예금자 1인당 5천만 원까지 보호해주는 제도다.

일반은행

일반 1금융권 은행의 예적금은 예금보험공사에서 보호한다.

새마을금고, 신협

새마을금고 예적금은 새마을금고중앙회에서 보호한다. 신협의
경우에는 신협중앙회에서 보호한다.

농협, 수협

농협, 수협의 본점과 지점의 예적금은 일반은행과 동일하게 예금
보험공사에서 보호한다. 그러나 지역조합의 예적금은 새마을금
고와 같이 각 중앙회에서 조성한 기금을 통해 보호한다.

우체국

우체국 예금, 보험의 경우는 예금자보호와 관계없이 정부에서 보
증한 상품이다. 따라서 5천만 원의 한도 없이 100% 보장되어 거
액의 자산가들이 선호한다.

⑤ 예금보험공사와 새마을금고 예금자보호제도의 차이점

은행, 보험, 증권, 저축은행 등의 예금자보호는 '예금자보호법'에
근거하여 예금보험공사가 보호하는 반면에, 새마을금고의 예금자

보호는 '새마을금고법'을 근거로 새마을중앙회가 주체가 되어 예금자를 보호한다.

⑥ 여러 곳의 새마을금고 이용 시 예금자보호 여부

새마을금고 예금자보호준비금의 조성 재원은 개별 새마을금고로부터 수납받고 있으며, 새마을금고는 독립법인체이므로 각각의 새마을금고 예금자에 대해 보호를 하고 있다.

새마을금고중앙회의 2023년 6월 기준에 의하면 연체율 10% 이상 새마을금고 지역 분포도는 12~13%로 나오고 있다. 그 외 새마을금고는 우량하고 이자율 금리가 높으므로 위험성을 확인하여 안전하게 가입을 권한다.

연체율 10% 이상 새마을금고 지역 분포도에 서울은 33곳, 부산 13곳, 대구 8곳 등 전국적으로 2~3곳 이상씩 분포가 되어 있다. 따라서 안전한 새마을금고를 확인하고 예금을 하는 것이 중요하고, 가급적이면 우량은행 위주로 나의 안전자산을 조금 분산해놓을 필요가 있다.

⑦ 새마을금고 위험성 확인 방법

홈페이지에서 특정 새마을금고의 경영공시를 통해 위험성을 확인한다.

□ 새마을금고 홈페이지 접속

□ 우측 상단 가로 3줄 클릭(전체 메뉴)

□ 전자공시 〉 정기공시 클릭

□ 새마을금고 지점조회

□ 새마을금고 경영지표(25~29번) 확인

□ 경영지표에서 확인할 사항: ㉠ 유동성비율이 50% 이상인가 ㉡ 자본적정성이 8% 이상인가 ㉢ 자산건전성에서 순고정 이하 여신비율이 높은가

새마을금고 경영실태 계량평가 항목별 등급기준(예시)						
	계량지표 항목	우수 (1등급)	양호 (2등급)	보통 (3등급)	취약 (4등급)	위험 (5등급)
자본 적정성	위험가중자산대비 자기자본비율	11% 이상	9% 이상	6% 이상	3% 이상	3% 미만
	단순자기자본비율	9% 이상	6% 이상	3% 이상	1% 이상	1% 미만
	순자본비율	10% 이상	7% 이상	4% 이상	2% 이상	2% 미만
자산 건전성	순위험도가중여신비율	10% 이하	20% 이하	60% 이하	90% 이하	90% 초과
	고정이하 여신비율	3% 이하	5% 이하	7% 이하	9% 이하	9% 초과
	연체대출금비율	6% 이하	8% 이하	12% 이하	14% 이하	14% 초과

자본적정성 4, 5등급은 외부자금, 긴급자금 지원이 필요한 상태이고 자산건전성이 4, 5등급에 해당된다면 존립이 위태한 상태다. 그리고 종합평가에서 5등급은 도산 임박 또는 그 가능성이 매우 높기 때문에 매우 조심해야 한다.

전국 새마을금고 경영실태평가 현황(예시)	
자본적정성 또는 자산건전성 4등급 이하	76곳
종합평가 4등급 이하	12곳

※ 2023년 6월 말 기준 예시

전국 새마을금고 가운데 76곳은 자본이 부족하거나 부실자산이 많아서 경영 상황이 상당히 심각한 것으로 확인됐고 특히 이 중에 12곳은 도산 가능성이 잠재하고 있는 것으로 확인되었다.

⑧ 이자 단리, 복리의 차이

☐ 단리식: 매월 이자를 지급하는 방식
☐ 복리식: 매월 발생하는 이자+원금으로 계산되어 만기 시에 이자를 한꺼번에 받는 방식, 따라서 단리식보다 복리식이 수령액이 더 많기에 복리로 가입하는 것을 추천한다.

(2) 과학기술인협회 적립형 공제

기술사 회원과 직장(가입) 회원이 있고, 예금자보호는 안 된다. 적립형공제, 목돈급여(일시금, 적금, 연복리), 과학기술인 으뜸적금 등이 있다.

(3) 발행어음(미래에셋, 한국투자, NH투자, KB증권)

① 정의 설명

대형 금융사가 필요한 돈을 조달하기 위해 찍어내는 어음이다. 발행어음의 종류에는 수시로 입출금이 가능한 거치식과 매달 원하는 금액을 넣는 적립식, 만기에 원금과 이자를 돌려받는 약정식이 있다(적립식이 이율이 높다).

기업, 금융, 부동산, 금융 등 다양한 곳에 증권사가 투자를 하고, 그 투자를 통해 발생한 수익을 고객에게 지급하는 것으로 하루만 맡겨도 이자를 받을 수 있다. 자기자본 4조 원 이상의 증권사로 자기신용을 활용해 만기 1년 이내의 확정금리형으로 발행한다.

은행의 예적금보다 금리가 높지만, 예금자보호를 받을 수 없다(4

대 증권사의 신용등급이 높아 우려할 사항은 아님). 발행어음 투자 시기는 일반적으로 금리가 내려가는 시기에 투자하는 것이 유리하다 (약속된 금리).

② 발행어음 투자의 장점

☐ 안정적 수익: 하루만 맡겨도 약정된 수익금을 지급
☐ 자유로운 만기일자: 1개월, 3개월, 6개월, 9개월, 12개월
☐ 간편한 가입 조건: 증권사 앱을 통해 비대면으로 간편하게 가입

③ 발행어음 투자의 단점

☐ 발행어음은 예금자보호가 안 된다.
☐ 발행어음은 증권사 신용등급(AA+)의 부도, 파산 등 신용위험에 따라 원금 손실이 발생할 수 있다.
☐ 수익성, 안정성, 유동성 측면에서 종합적으로 검토 후 가입한다.

(4) 채권(국공채, 금융채, 회사채)

① 용어 정의

일반기업이나 정부사업이 자금조달을 하기 위해 채무이행 약속 증서를 발행하는 증권이다(예금자보호는 안 된다). 채권은 특성상 거래가 활발하지 않고, 기간을 정해 거래하는 형태다. 채권투자는 표면 이율에 따라 이자도 받을 수 있고, 채권가격의 변화에 따라 시세차익도 얻을 수 있다(금리와 반대).

☐ 채권 장내시장(채권 거래소 시장): 거래소에 상장된 종목
☐ 채권 장외시장(증권회사): 증권사가 투자자에게 직접 판매(국공채, 지방채, 특수채, 통안채, 금융채, 회사채)
☐ 채권 매수단가: 액면 1만 원을 기준으로 매매 시 사용하는 가격
☐ 채권 매수금액: 채권을 투자할 때 실질적 투자 금액
☐ 채권 액면금액: 채권을 만기까지 보유 시 받게 되는 원금계정

② 채권투자 전 체크리스트

☐ 채권은 원금 손실 가능하며, 예금자보호는 안 된다.
☐ 채권의 신용등급과 위험등급을 확인한다.
☐ 신용평가서 및 투자설명서를 확인한다.
☐ 내 투자금은 장기간 운용계획이 없는 목돈이다.

③ 금리와 주식, 채권의 상관관계

☐ 금리가 오르면↑, 주가는 내려가고↓, 채권금리는 올라감↑
☐ 채권금리가 오르면↑, 채권가격은 하락↓(매수)
☐ 채권금리가 내리면↓, 채권가격은 상승↑(매도)

④ 채권투자 방법

증권사(앱)를 통해 직접 투자하는 방법은 장외채권(증권사가 뽑아놓음)과 장내채권(거래소 매매)이 있다.

초보자는 장외채권(국채)으로 신용등급 AA 이상 시작한다. 간접적으로 채권에 투자하는 것은 채권에 투자하는 펀드 또는 ETF를 매수하여 투자를 한다.

국내 또는 해외 ETF를 검색하여 투자를 하는데, 주식과 거의 동일하다.

(5) 주가연계증권(ELS: Equity Linked Security)

① ELS 정의 설명

특정 주식의 가격이나 주가지수의 수치에 연계된 매우 위험성이 높은 증권으로 삼성전자, 포스코 등과 같은 개별 주식에 연동된 상품부터 KOSPI 200 지수나 KRX 100, 닛케이 225 등 주가지수에 연동된 상품까지 아주 다양하게 존재하고 있다.

현물 주식이나 펀드와 달리 기대수익률이 아닌 연 5~25%의 수익률을 확정해놓고 있는 것이 특징이고, 원금 비보장형이다. 개별 주식의 가격이나 특정 주가지수의 변동에 연계되어 특정 조건 충족 시 약정된 투자손익이 결정되는 금융투자상품이다. 주가연계증권 발행 증권사는 발행대금의 상당 부분을 채권, 예금 등 안전자산에 투자하는 한편 나머지를 주식, 주식 관련 파생상품 등에 투자하여 약정수익 재원 확보를 위한 초과 수익을 추구한다.

주가연계증권은 만기, 수익구조 등을 다양하게 설계할 수 있다는 장점이 있으나 유가증권시장에 상장되지 않음에 따라 유동성이 낮고 발행 증권사의 신용 리스크에 노출되는 단점이 있다. 대신 기초자산이 일정 수준 이상인 경우 자동 조기상환되는 조건이 부여되어 있으며 5~10%의 환매수수료를 부담하는 조건으로 발행증권사에 환매를 요구할 수 있다.

기초자산은 주요국(코스피 200, S&P 500, 닛케이 225, 유로스톡스 50 등) 3개 주가지수를 추려서 구성된다.

상환 조건은 3년, 6개월 Knock-in(KI, 하락 Barrier) 50, 스텝다운(90-90-85-85-70-70) 등이다.

□ Knock-In 조건: 투자 기간 동안 기초자산이 하락하여 원금 손실 구간이 발생하는 조건을 말한다. Knock-In 조건이 낮을수록 원금 손실 가능성이 높아지니 투자 전에 Knock-In 조건을 고려해야 한다.

□ 최대 손실액: 투자 시 원금 손실이 발생할 수 있는 수준을 말한다. 최대 손실액이 클수록 원금 손실 가능성이 높아지니 투자 전에 최대 손실액을 고려해야 한다.

□ 투자위험등급: ELS의 위험성을 나타내는 등급이니 투자 전에 등급을 고려해야 한다.

② 주가연계증권(ELS)의 종류와 특징

녹아웃형(Knock-Out)

일정 수준 이상으로 주가가 상승하면 수익이 고정되는 구조다. 고정 수익률을 보장받을 수 있으나 주가가 상승하면 수익이 고정되어 더 이상 수익을 얻을 수 없다.

불스프레드형(Bull Spread)

만기 시점의 주가 수준에 비례해 수익을 얻고, 최대 수익 및 최대 손실이 정해져 있는 구조다. 안정적인 수익을 얻을 수 있으나 녹아웃형에 비해 수익률이 낮다.

스텝다운형(Step-Down)

정해진 기간마다 주가가 일정 수준 이상으로 상승하면 수익이 증가하고 그 반대이면 원금 손실이 발생하는 구조다. 주가의 상승과 하락에 따라 수익과 원금 손실이 발생한다.

디지털형(Digital)

만기나 일정 시점에 미리 정한 주가가 상회하는지 하회하는지에 따라 수익이 발생하거나, 수익이 없거나, 적어지는 구조다.

리버스컨버터블형(Reverse Convertible)

미리 정한 하락폭 이하로 주가가 하락하지만 않으면 약정된 수익이 지급되며, 정해진 하락폭 이하로 하락하면 손실이 발생하는 구조다. 주가가 정해진 하락폭 이하로 하락하지만 않으면 안정적인 수익을 얻지만, 하락하면 원금 손실이 발생한다.

③ 주가연계증권(ELS)투자의 장단점

주가연계증권투자의 장점은 일정 수익률을 보장받을 수 있다는 점이다. 상승장에서는 추가 수익을 얻을 수도 있지만 주식시장 하락장에서는 투자 원금 손실의 위험성이 있다.

안정적인 주가연계증권투자를 위해서는 주식시장의 흐름을 잘 파악하고 자신의 투자 목표와 리스크 수준에 맞는 상품을 선택하는 것이 중요하다.

주식이나 채권 등의 금융상품에 비해 상대적으로 위험성이 높은 편이므로 투자 전에 신중하게 고려하여 투자해야 한다.

④ ELS투자 원칙

□ 증권사에서 가입(은행 수수료 1%)할 것.

□ 조기상환 지수 조건은 작게(시작 90% 이하, 끝 70% 이하)

□ Knock-in은 50% 이하로 한다.

□ 주식시장 상황에 맞게 소액으로 분산투자(큰 금액은 위험)

□ 기초자산 변동성이 적은 것으로 각 지수들이 하락했을 때 투자

□ 기초자산 변동성: S&P 500 〈 KOSPI 200 〈 Eurostoxx 50 〈 HSCEI

(6) 주가연계파생결합사채(ELB: Equity Linked Bond)

원금 보장형 ELS, 최고 수익률 낮음, 가입을 보류한다.

노후대책의 필요성

글쎄, 농촌 장수마을에 갔더니 105세 어르신이 계셨다.
그래서 어르신 장수 비결이 뭐냐고 물어봤다.

"안 죽으니깐 오래 살지!"
"어르신 올해 몇 살이세요?"
"다섯 살밖에 안 먹었어!"
"네? 무슨 말씀이신지…"
"100살은 무거워서 집에다 두고 다녀!"
"저, 어르신 105년 사시는 동안 사람들이 어르신 욕하고 음해하고, 그래서 열 받았을 텐데 그걸 어떻게 해결하고 오래오래 사세요?"

"그거야 쉽지, 욕을 하든 말든 내버려뒀더니 다 씹다가 먼저 죽었어… 나 욕하던 녀석은 세상에 한 놈도 안 남았어!"

이렇게 낙천적이고 긍정적으로 건강하게 100세까지 살려면 노후대책이 필요하다.

(7) 펀드(Fund)

① 정의 설명

다수의 투자자로부터 모금한 실적 배당형 투자 기금으로 주식, 채권, 파생상품 등에 대한 투자를 위해 고객들로부터 돈을 모아서 구성하는 일정 금액의 자금 운용 단위를 가리킨다. 일반펀드는 자산운용사에서 운용을 하고, 은행과 증권사에서는 판매와 가입을 한다. 주식형과 채권형이 가장 기본적인 형태이고, 상품의 편입 비율에 따라 무궁무진하게 분류를 만들 수 있다.

예금이 아닌 투자상품인 관계로 일정액의 수수료를 내는데, 적게는 0.6%에서 3~4% 이상 내는 펀드도 있다. 은행 예금과 달리 위험한 파생상품의 일종으로, 원금 손실 가능성이 크다(매니저만 이득 보는 상품).

② 장점

☐ 해외 투자: 개발도상국의 경우 투자자들이 개별 주식 정보를
알아보기 힘들다.

☐ 중소형주 투자: 개인 투자자들은 초고위험 초고수익인 코스
닥 중소형주 등에 투자해 돈을 날리는 경우가 많다. 중소형주
펀드를 들면 적은 돈으로도 여러 성장성 높은 중소형주에 분
산투자가 가능하다.

③ 단점

대부분은 한국 펀드매니저의 문제점이다. 특히 사후관리 부분에
문제가 있다. 은행 예금과 달리 위험한 파생상품의 일종이므로 이
익도 볼 수 있겠지만 원금 손실 가능성이 큰 상품이며 기초 금융
지식이 없는 사람들은 손실을 볼 확률이 높다. 환매할 때도 직접
투자와 달리 돈을 받기까지 1~3일 시차가 있고 환매 요청 시 보통
당일 또는 다음 날 주식시장이 마감하는 3시 기준으로 환매하는
데, 그 전에 갑작스런 호재나 악재가 발생해서 급히 환매를 중단하
려 요청해도 불가능한 펀드가 태반이다.

다른 문제점은 적자를 보더라도 내야 하는 수수료다. 크게 판매
수수료와 운용보수로 나눠지는데 판매 수수료는 펀드 가입 또는

환매 시 내야 하고, 운용보수는 성과에 관계없이 정기적으로 차감되므로 실질 수익률을 깎아먹는 주범이다. 투자자의 돈을 가져가서 엉망으로 투자해 적자를 보는 펀드인데 운용보수까지 떼주면서 원금이 더욱 줄어드는 황당한 꼴을 봐야 한다.

우리 몸의 신체 기관이 무엇을 제일 무서워할까요?

위(胃)는 차가운 것을 두려워한다.
심장은 짠 음식을 두려워한다.
폐는 연기를 무서워한다.
간(肝)은 기름기를 무서워한다.
콩팥은 밤을 새우는 것을 두려워한다.
쓸개는 아침을 거르는 것을 무서워한다.
비장은 마구잡이로 아무거나 먹는 것을 두려워한다.
췌장은 과식을 두려워한다.

건강은 건강할 때 지켜야 한다.

---

(8) 거래소 거래 펀드(ETF: Exchange Traded Fund)

① 정의 설명

ETF란 상장지수펀드로 주식, 채권, 파생상품 등으로 구성하여 운용사가 지정한 수탁회사에 납입하고 이를 근거로 발행하는 유가증권이다. 거래소에 상장되어 주식처럼 편리하게 거래할 수 있도록 만든 상품이며 펀드나 은행상품처럼 카테고리별로 정리되어 있어 알아보기 쉽고 거래하기 쉽다. 예를 들어 KOSPI 200과 같이 시장지수의 수익률을 그대로 따라가도록 만든 펀드다.

투자자들이 개별 주식을 고르는 데 수고를 하지 않아도 되는 펀드투자의 장점과, 언제든지 시장에서 원하는 가격에 매매할 수 있는 주식투자의 장점을 모두 가지고 있는 상품으로 인덱스 펀드와 주식을 합쳐놓은 것이라고 생각하면 된다. 최근에는 시장지수를 추종하는 ETF 외에도 배당주나 거치주 등 다양한 스타일을 추종하는 ETF들이 상장되어 있다.

다양한 금융상품을 한 번에 투자할 수 있는 펀드(증권사나 은행 가입)도 있지만 원하는 가격에 사고팔 수 없다(오늘 주문, 다음날 거래).

② ETF의 종류

주식 ETF

가장 대중적으로 아는 ETF다. 예를 들어 KODEX레버리지를 예시로 들면 이 ETF는 지수가 상승한다고 생각할 때 투자하는 상품으로 지수 상승률의 두 배 정도를 수익으로 얻을 수 있다.

반대로 인버스 ETF는 KODEX200선물 인버스2X는 지수가 하락할 것 같을 때 투자하는 상품으로, 코스피200 선물 지수가 1% 하락하게 되면 이 ETF는 2% 상승하는 구조다.

업종별 ETF

업종별 ETF는 특정한 업종이 상승할 것으로 생각할 때 투자하는 상품이다. 예를 들어 올해는 2차전지가 상승할 것 같다 생각되면 KODEX 2차전지 산업에 투자하는 것처럼, 어려운 종목분석을 안 해도 된다.

그룹주 ETF

그룹주 ETF는 특정 그룹에 속해 있는 종목의 주가지수를 나타내는 상품이다. 대표적으로 KODEX 삼성그룹 밸류가 있다. 차후 삼성의 전망이 밝을 것으로 예상되면 투자하는 상품이다.

원자재형 ETF

원자재형 ETF는 금, 에너지, 천연가스, 농산물 등과 같이 자원처럼 실물 자산의 가격 변동을 추종하는 상품이다. 대표적으로 해외의 WIF(서부텍사스산 원유)가 있으며 국내에서는 옥수수, 콩에 투자하는 KODEX 3대 농산물 선물이 있다.

부동산 ETF

부동산 ETF는 부동산 관련 자산에 투자하는 상품이다. 대표적으로 미국의 VNQ ETF는 미국 부동산에 투자하는 상품으로 자산규모는 약 45조 원으로 큰 규모를 보이고 있다.

채권 ETF

채권 ETF는 여러 종류의 채권을 포함하고 있어 고정 수익 투자를 목적으로 하는 상품이다. 최근 주식 수익률은 낮고 금리가 계속 오르다 보니 채권가격이 싸져서 수익률이 올라가 최근 개인 투자자에게 인기 있는 상품이다.

③ ETF의 장점

☐ 편리성: 개별 주식을 살 필요 없이 한 번에 여러 종목을 포함한 ETF를 사게 되므로 편리하다.

□ 유동성: 주식처럼 직접 사고팔 수 있으며 HTS와 MTS를 통해 실시간으로 쉽게 매매할 수 있다.

□ 비용 절감: 수수료가 상대적으로 낮고, 세금 부담도 적다.

□ 부담감 절감: 인덱스 펀드처럼 시장의 평균 수익률을 따라가기 때문에 부담이 적다.

□ 분산투자 가능: ETF는 여러 종목을 담고 있기에 소액으로도 다양한 사업에 투자할 수 있다.

④ ETF의 단점

□ 시장변동성 민감: 시장 상황이 좋지 않은 경우에는 손실이 발생할 수 있다.

□ 큰 수익기대 금물: 100%, 200%의 커다란 수익을 기대하지 못한다.

□ 인덱스에 대한 의존도: ETF는 인덱스를 추적하므로, 인덱스에 대한 의존도가 매우 높다.

⑤ ETF의 투자 방법

□ 국내 증권사에서 계좌를 개설한다.

□ 미래를 볼 때 유망한 쪽 ETF를 나열한다.

□ 내가 선택한 ETF가 어떠한 종목들로 구성되어 있는지 반드시 확인한다.

□ 최종 선택한 ETF를 거래할 수 있는 시간에 매수한다.

(9) 주가연계 펀드(ELF: Equity Linked Fund)

ELS와 유사한 상품이다. ELS는 증권사에서 만들어 판매하고, ELF는 자산운용사에서 만들어서 은행 및 증권회사를 통해 판매한다.

홍콩 H 지수 편입 ELS, ELF, ELT 판매 중단

앞서 ELS 투자 원칙에서 HSCEI가 기초자산 변동성이 제일 크다고 했다. 따라서 위험성이 높은 지수는 권유하지 않는다.

은행권은 손실 가능성이 커진 홍콩 H 지수 편입 ELS 상품 판매를 중단했다. 홍콩항생중국기업 지수(홍콩 H 지수) 하락 지속은 중국 경제의 불확실성 등으로 인한 것이다. 홍콩 H 지수는 지난 2021년 2월 고점인 1만2,000선을 넘기도 했으나 이내 폭락해 현재는 5,000대 후반~6,000대 초반에서 등락하고 있다.

고위험, 고난도 상품이 은행 창구에서 고령자들 대상으로 특정 시기에 몰려서 판매됐다는 것만으로 적합성 원칙이 제대로 지켜졌는지 의구심을 갖게 한다. 정상적이지 않은 방법으로 판매한 건 문제가 있다.

모든 금융상품은 타이밍이 매우 중요하며, 고객이 확실하게 인지하고 투자를 해야 한다. 미국의 고금리에 채권이 적기로 높은 수익률을 올리기도 하였다.

(10) CMA(Cash Management Account)계좌

① 정의 설명

CMA계좌는 현재 월급 통장으로 활용하기 굉장히 유용한 상품이다. 고객이 맡긴 예금을 어음이나 채권에 투자해서 그 수익을 고객에게 돌려주는 실적 배당 금융상품이다.

② CMA계좌의 종류

RP형

증권사가 고객의 자금을 신용도가 아주 높은 환매형 채권(국공채, 은행채 등 우량자산을 담보)에 투자하여 수익을 내는 상품으로 고정금리를 보장한다.

- □ 장점: ㉠ 일반 통장과 같이 입출금이 자유롭다. ㉡ 안전하며 하루 단위로 약정된 이자가 들어온다. ㉢ 공과금이나 인터넷 뱅킹과 같은 업무도 다 가능하다. ㉣ 공모주 청약이 가능하다. ㉤ 비상용 통장 혹은 투자대기자금

- □ 단점: ㉠ 예금자보호가 되지 않는다. ㉡ 증권회사 부도 시 원금 회수 불가능하다. ㉢ 출금 시 보통 제휴된 은행 1곳에서만 무료로 이용 가능하다.

발행어음형(종금형)

발행어음 사업을 인가받은 증권사와 종금사인 우리종합금융에서 돈을 빌리기 위해 어음을 발행하고 그에 따른 이자를 매월 특정일에 지급하는 방식이다.

- □ 장점: ㉠ 금액 제한이 없다. ㉡ 매일 이자(수익)가 세후 추가되어 계좌 잔액 자체가 변경된다. ㉢ 공과금, 카드 대금 등 자동이체가 가능하다.

- □ 단점: ㉠ 투자상품이라 예금자보호가 되지 않는다. ㉡ 입출금 시간에는 제약이 없지만 지정된 시간에 입금하지 않으면 이자가 없다. ㉢ 주말 입출금 제한이 있다.

MMF형

자산운용사가 고객의 자금을 1년 미만의 CP, CD 등 단기 금융

상품에 투자하는 펀드로 실적을 지급한다.

□ 장점: ㉠ 안전한 수익률을 얻을 수 있다(콜론, CD, CP에 집중 투
자). ㉡ 일 단위로 이자를 지급한다. ㉢ 일일정산을 통해 익일
원금과 이자를 합한 금액을 재투자하여 일복리 효과를 누릴
수 있다. ㉣ 단기자금 운용에 적합하다. ㉤ MMF는 법적으로
1년 이내의 우량채권에만 투자하도록 되어 있기 때문에 손실
에 대한 위험이 아주 낮다.

□ 단점: ㉠ 원금이 보장되는 것은 아니다(손실 가능성 있음). ㉡ 확
정금리를 받는 것이 아니라 운용수익으로 결정되는 이자를
받는 것이기 때문에 변동금리라고 할 수 있다. ㉢ 현금 입출금
기 사용 불가하다. ㉣ 결제, 자동이체 등 뱅킹 업무 불가하다.
㉤ 입출금 서비스가 제한되어 있다.

MMW형

증권사가 고객의 자금을 한국증권금융에 위탁(예치) 후 단기은행
예금, 콜론(call loan)을 운영하여 실적을 지급한다.

□ 장점: ㉠ 보수적으로 투자가 이루어져 안정적이다. ㉡ 일일정
산을 통해 익일 원금과 이자를 합한 금액을 재투자하여 일복
리 효과를 누릴 수 있다.

□ 단점: ㉠ 금리가 낮고, 금리가 정해져 있지 않은 실적 배당 상

품으로 손실이 발생할 수도 있다.

> 증권사 CMA계좌 개설은 발행어음으로 가입하는 것이 이자율이 높다.
> CMA계좌에서 적립식 발행어음으로 만들면 수익률이 높아진다.
>
> 금액 제한 없고, 매일 이자가 계산되어 계좌에 잔액이 변경되고 좋다.
> 다만, 예금자보호가 안 된다.
> 4대 증권사의 신용을 믿고 가입하기를 권유한다.

(11) ISA(Individual Savings Account)계좌: 개인종합자산관리

① 정의 설명

ISA 계좌는 개인형 종합자산관리계좌로, 다양한 금융상품에 투자하면서 세금 혜택을 받을 수 있는 계좌다. 예금, 채권, 주식, 펀드, 리츠, ELS, RP 등 금융상품을 한 계좌에 담아 통합 관리하는 계좌다.

일정 기간 동안 상품운용 결과 발생한 이익과 손실을 통합한 순이익을 기준으로 세제 혜택까지 부여하여 절세 혜택을 누릴 수 있는 통장이다. 모든 금융기관 통합 1인 1계좌만 개설 가능하다.

② ISA 계좌의 장점

ISA 계좌의 가장 큰 장점은 세금 혜택이다. ISA 계좌에 투자한 금액은 원금과 수익금 모두 비과세로, 세금 부담을 줄일 수 있다. 특히 2025년부터는 5,000만 원을 초과하는 금융투자소득에 대해 20%의 세율이 적용되는데, ISA 계좌는 이러한 세금을 면할 수 있다.

③ ISA 계좌의 단점

ISA 계좌의 단점은 의무 보유 기간이 있다는 점이다. ISA 계좌는 최소 3년 동안 가입해야 세금 혜택을 받을 수 있다. 따라서 ISA 계좌는 장기적인 투자를 목표로 하는 사람들에게 적합하며, 단기적 수익을 추구하는 사람들에게는 부적합할 수 있다.

ISA 계좌의 또 다른 단점은 납입 한도가 있다는 점이다. ISA 계좌는 연 2,000만 원, 총 1억 원까지만 납입할 수 있다.

④ ISA 계좌의 활용법

ISA 계좌에는 중개형과 일반형이 있다. 중개형은 금융회사가 투자상품을 추천하고 관리해주는 방식이고, 일반형은 자신이 직접 투자상품을 선택하고 관리하는 방식이다. 중개형은 투자에 능숙하지 않은 사람들에게 적합하고, 일반형은 투자에 자신이 있는 사람들에게 적합하다.

ISA 계좌를 개설할 때는 자신의 투자 성향과 목표에 맞는 유형을 선택하는 것이 중요하다.

재테크와 절세를 한 번에 할 수 있는 중개형 ISA를 권장한다.
하나의 계좌에 다양한 금융상품(펀드, 채권, ELS, RP, 주식, ETF)을 담아 자유롭게 운용하여 통합 관리할 수 있는 계좌다.

중개형 ISA에서는 실제 이익이 발생한 부분에 대해 비과세, 저율분리과세 등의 절세 효과가 있다. 또한, 계좌를 해지하지 않고 납입한 원금 내에서 중간에 출금을 할 수 있어 필요할 때 자금이 묶이지 않는다.

(12) 금융감독원

은행, 증권, 보험, 신용관리기금의 감독기관으로 무자본 특수법

지금 당장 시작하는 패시브 인컴 만들기

인이다. 금융위원회의 산하기관으로 국내 금융감독 업무를 담당한다.

일반 개인의 입장에서 금융기관과 분쟁이 생겼을 경우 기대는 고객 최후의 보루다. 또한 정확하고 다양한 금융 정보를 제공한다. 국민의 금융사기 방지와 금융상품(예적금, 대출, 펀드, 보험)을 한눈에 볼 수 있고 계좌정보 통합관리 서비스, 본인 신용정보 열람 서비스, 개인정보 노출자 사고 예방 시스템 등을 제공한다.

5. 주식(Stock)

(1) 정의 설명

주식투자는 기본적으로 투자에 대한 리스크가 존재한다. 본인의 생각과 달리 외부 환경에 민감하게 작동하여 가격 변동성이 심하다. 주식투자의 기본은 어떤 종목의 주식을 싸게 사서 비싸게 파는 것이다. 주식을 싸게 사면 살수록 수익이 날 확률이 높아진다. 평상시에 기업들의 가치를 살피며 관심종목으로 눈여겨보고 있다가 원하는 가격대에 들어오면 매수한다.

(2) 주가수익비율(PER)

주가가 실제 기업의 가치에 비해 고평가되어 있는지, 아니면 저평가되어 있는지 여부를 판단할 때 활용하는 대표적인 지표로 주가 수익비율(PER: Price Earning Ratio)이 있다. PER는 기업의 주가를 주당순이익(EPS: Earning Per Share)으로 나눈 값으로, 해당 기업의 주가가 그 기업 1주당 수익의 몇 배 수준으로 거래되는지를 나타낸다.

(3) 주가순자산비율(PBR)

기업가치 대비 주가 수준의 판단지표로 많이 활용되고 있다. PBR은 기업의 주가를 주당순자산(BPS: Book-value Per Share)으로 나눈 값이다. PER가 기업의 수익성 측면에서 주가를 판단하는 지표라면, PBR은 기업의 재무구조 측면에서 주가를 판단하는 지표다.

(4) 주가지수(Stock Price Index)

주가지수는 주식가격의 전반적인 수준을 나타내는 지표다. 주식시장에서는 매일 수많은 종목이 거래되는데, 이러한 각 개별종목의 가격 변동을 종합하여 주식가격의 전반적인 움직임을 파악하기 위하여 작성되는 지수가 주가지수다. 주가지수는 기준 시점의 시장 전체 주가 수준과 비교 시점의 시장 전체 주가 수준을 비교하여 산출되는데, 그 방식에는 주가평균식과 시가총액가중식이 있다.

(5) 주식투자 기본 원칙

□ 상장기업 안정성이 높고, 규모가 큰 기업을 분할매수한다.

□ 포트폴리오를 구성할 때 투자위험 분산을 위해 다양한 산업 군에서 좋은 종목을 5개 이상 선정한다.

□ 한 종목에 집중 투자를 피하고, 투자금의 40% 정도를 여유자 금으로 남긴다(몰빵 금지, 추가 매수)

□ 투자 기간을 단기, 중기, 장기로 분류하여 시행한다.

□ 하락장에서 매수, 매도 반복은 손실을 발생시키므로 평정심 을 유지하고 자제한다.

□ 절대 손실이 발생치 않도록 충분히 떨어졌다고 생각될 때 주 식을 싸게 사서 비싸게 판다.

주식투자에는 대내외적 경기와 변수가 크게 작용한다. 특히 미국의 경기와 주가의 영향이 국내 주가에 증폭되어 전달된다. 미국의 나스닥 지수가 기침하며 하락하면 우리 코스피 지수는 큰 폭의 몸살감기로 떨어진다. 따라서 미국의 주가지수를 유난히 확인하는 이유도 여기에 있다.

시중에 주식으로 돈을 벌었다는 사람은 극히 드물다. 대부분 주식으로 크고 작은 손실을 봤다는 사람이 많다. 그런데도 주식을 하게 되는 이유는 사람에게 도박 중독성이 있기 때문이다. '여유자금이 있으니까 나도 잠시 주식을 해볼까?' 하다가 주식에 물려서 빠져나오지 못하고 결국 쪽박을 차는 사람을 봤다. 본인의 생각과 다르게 움직이므로 주식투자는 권유하지 않는다.

(6) 국내 코스피 지수

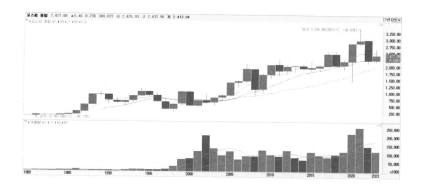

□ 코스피 주식시장은 1980년 1월 4일 지수 100으로 시작

□ 1986년 아시안게임과 1988년 서울올림픽의 성과로 1989년 3

월 코스피 지수 1,000을 기록

□ 1988년 정부가 소유하던 기업 주식(포항제철, 한국전력) 국민 매각

□ 1993년 8월 금융실명제 실시

□ 1997년 우리나라 금융위기(IMF)로 코스피 지수 310까지 빠졌고, 200개가 넘는 종목이 폐지(한강 투신 매스컴)

□ 1998년 1월 외채를 갚기 위해 전 국민 금 모으기 운동

□ 1999년 IMF 자금이 유입되고 빠르게 코스피 1,000을 회복

□ 2007년 4월 1,500으로 오르고, 3개월 뒤인 2007년 7월 2,000 돌파

□ 2008년 글로벌 금융위기로 코스피 1,000 붕괴

□ 2011년 5월 2,200 돌파하였으나, 유럽 재정위기로 박스권

□ 2017년 2,500 돌파하였으나, 코로나19로 1,456까지 하락

□ 2021년 동학개미들이 주식시장에 뛰어들면서 3,000 돌파

□ 환율의 급등으로 외국인들이 한국 시장에서 이탈

(7) 주식투자 지양하는 사유(개인)

□ 주가지수 상·하한가의 수익률 차이: 어떤 종목이 연속적으로 상한가와 하한가를 기록했을 때 금액 차이(예: 10,000원 주식 첫

날 상한가 13,000원, 둘째 날 상한가 16,900원, 셋째 날 하한가 11,830원, 넷째 날 하한가 8,281원으로 4일 거래에서 2일 연속 상한가와 하한가 기록하면 손실 17%)

☐ 우리나라 현재의 주가지수는 시가총액방식(영국, 독일, 홍콩)이므로 최초 상장등록 업체가 많다면 개별 주가보다 지수상 올라갈 확률이 많음(미국, 일본은 주가평균방식)

☐ 공매도(Short Selling): 기관투자자, 외국인, 큰 투자자는 주가 하락을 예상하고 수익을 얻고자 공매도를 하지만 개인 투자자는 권한이 없어 개인은 하락에 대응하지 못함(정부는 2024년 6월 말까지 정지)

☐ 환율에 따른 외국인 이탈로 주가는 속절없이 하락

☐ 주변에 개인이 주식으로 돈 벌었다는 사람이 많지 않음

돈 벌려고 주식을 시작했는데 돈은커녕 쪽박에 빚만 지는 분들이 많다. 이 책을 일찍 알았다면 좋았을 것이라고 한다.
그리고 돈은 영원하지 않다. 돈이 아무리 많아도 건강을 잃거나, 내가 죽고 없으면 아무 소용이 없다. 살아서 내가 쓰는 돈만 내 돈이다.
이제는 자식이 노후를 보장하는 시대가 아니기에 돈이라도 움켜쥐고 살았던 노인들이 재산을 상속하여 가족 간에 분쟁을 벌이고 이로 인해 원수로 지내는 사람을 본다.
인생은 단 한 번뿐이다. 하늘이 준 물질적인 축복을 마음껏 누리고 마지막엔 탈탈 털고 빈손으로 떠나는 것이 순리다.

6. 금리, 채권, 환율, 주식의 상관관계

(1) 금리와 주식의 상관관계(음의 상관관계)

금리가 낮아지면 기업들의 수익이 증가하고, 이는 주식시장에 긍정적인 영향을 미친다. 반대로 금리가 높아지면 기업들은 대출과 신규 투자를 줄이게 되고, 그 결과 기업들의 수익은 감소하고 주식시장에 부정적인 영향을 미친다.

□ 금리 인상(↑) → 주가 하락(↓)
□ 금리 인하(↓) → 주가 상승(↑)

(2) 채권과 주식의 상관관계(음의 상관관계)

경기 침체가 예상되는 시점에서는 채권에 대한 수요가 늘어나

이자율이 하락하고, 이는 주식시장에서 하락 압력을 유발한다. 반대로 경기 회복이 예상되면 채권시장에서 판매 압력이 발생하기 때문에 이자율이 상승하고, 이는 주식시장에서 상승 압력을 유발한다.

- □ 채권가격 상승(↑) → 주가 하락(↓)
- □ 채권가격 인하(↓) → 주가 상승(↑)

(3) 환율과 주식의 상관관계

환율과 주식시장 사이의 상관관계는 상황에 따라 다양하게 변할 수 있다. 미국의 화폐가 저평가되면, 한국 기업은 달러화로 수입을 받을 때 더 많은 상품을 얻을 수 있다.

(4) 외국인 이탈 관점(음의 상관관계)

- □ 환율 상승(↑) → 외국인 매도 → 주가 하락(↓)
- □ 환율 하락(↓) → 외국인 매수 → 주가 상승(↑)

(5) 무역의 관점(양의 상관관계)

　　□ 환율 상승(↑) → 수출이익 증가 → 주가 상승(↑)
　　□ 환율 하락(↓) → 수출이익 감소 → 주가 하락(↓)

(6) 금리, 채권, 환율의 상관관계

　　금리가 상승하면 채권가격은 하락한다.
　　일반적으로 금리가 높아지면 해당 국가의 통화는 가치가 상승하고, 외국인 투자자들은 해당 통화를 구매하여 투자한다. 채권가격이 상승하면 해당 국가의 통화가 강세를 보인다.

　　□ 금리 상승(↑) → 채권가격 하락(↓)
　　□ 금리 하락(↓) → 채권가격 상승(↑)
　　□ 금리 상승(↑) → 해당 국가의 환율 상승(↑)
　　□ 금리 하락(↓) → 해당 국가의 환율 하락(↓)
　　□ 채권가격 상승(↑) → 해당 국가의 환율 상승(↑)
　　□ 채권가격 하락(↓) → 해당 국가의 환율 하락(↓)

(7) 주식투자 시 금리, 채권, 환율을 고려한 투자

금리 인하, 채권가격 인하 시에는 주식을 매수 보유한다. 반대로 금리 인상, 채권가격 상승 시에는 주식을 매도한다.

환율이 상승 중이라면 무역, 수출을 많이 하는 회사를 구매하고, 반대로 환율이 하락 중이라면 무역, 수출 회사는 피한다.

① 주식 매수 시 상관관계

□ 금리 인하(↓) → 주가 상승(↑)

□ 채권가격 인하(↓) → 주가 상승(↑)

□ 환율 하락(↓) → 외국인 매수 → 주가 상승(↑)

□ 환율 상승(↑) → 수출이익 증가 → 주가 상승(↑)

② 주식 매도 시 상관관계

□ 금리 인상(↑) → 주가 하락(↓)

□ 채권가격 상승(↑) → 주가 하락(↓)

□ 환율 상승(↑) → 외국인 매도 → 주가 하락(↓)

□ 환율 하락(↓) → 수출이익 감소 → 주가 하락(↓)

금리, 채권, 환율, 주식의 상관관계

금리, 채권, 환율 모두 주식시장과 긴밀한 관련이 있고, 이들의 상호작용이 어떻게 이루어지는지 알면 투자에 도움이 된다. 투자자들은 이들 간의 상관관계를 잘 파악하고 투자 전략을 수립한다면 주식시장에서의 매수, 매도 포지션을 쉽게 결정지을 수 있고 거시경제의 흐름을 보는 안목을 기를 수 있다.

금리가 낮아지면 기업들의 수익이 증가하게 되고 이는 주식시장에 긍정적인 영향을 미친다. 경기 침체가 예상되는 시점에서는 채권에 대한 수요가 늘어나면서 이자율이 하락하고, 이는 주식시장에서 하락 압력을 유발한다.

금리 인하, 채권가격 인하 시에는 주식을 매수하고 보유해야 한다. 환율의 경우는 시장 방향을 결정하기 어렵지만 환율이 상승 중이라면 무역, 수출을 많이 하는 회사를 구매하는 것이 유리하다.

7. 슬기로운 소비 생활

대한민국처럼 카드로 결제하는 문화가 발달한 국가가 또 있을까? 실물 화폐 없는 세상에 살고 있다고 해도 과언이 아닐 만큼, 한국의 소비 생활은 대부분 신용카드나 체크카드로 이루어진다. 특히 최근에는 페이 서비스라는 플랫폼 안에 카드 정보를 저장해 두었다가 실물 카드가 없어도 소비를 할 수 있는 세상이 되었다.

그럼 신용카드와 체크카드는 주로 어떤 사람들이 사용할까? 일반적으로 소득이 있는 사람은 신용카드를, 소득이 없는 학생은 체크카드를 이용해 결제를 한다. 그런데 여기에서 아주 기본적인 구매비용이 달라진다는 점이다. 카드의 혜택을 활용하여 현명하게 소비를 해야 한다.

직장인이라면 연말에 소득공제를 받기 위해 노력을 해야 한다. 총급여액이 4,000만 원일 때 신용카드로 2,000만 원을 사용했을 경우와 체크카드로 나눠서 했을 경우 소득공제액 차이가 배로 난다.

(1) 신용카드

월 카드 소비 금액에 따라 매월 어느 정도의 할인을 받았는지의 비율을 파킹률이라 한다. 카드 상품별로 혜택이 다르고 사용처도 가지각색으로 파킹률은 천차만별이다. 하지만 평균적으로 전월 실적이 30만 원 이상일 때 할인받을 수 있는 혜택의 합이 1만 5천 원 이상이면, 즉 파킹률이 5% 수준이라면 쓸 만한 카드라고 할 수 있다.

그럼 한두 번의 결제로 1만 5천 원을 할인받을 수 있는 카드 종류에는 어떤 것들이 있을까? 이것에 대한 답은 제휴카드라고 말할 수 있다. 특히 통신사 제휴카드 혹은 가전이나 렌탈과 관련된 제휴카드는 30만 원 실적 기준으로 자동이체 실적이 확인되면 약 1만 5천 원 내외의 할인을 제공하고 있다.

또한 대형 핀테크 같은 회사와 카드사가 함께 진행하는 이벤트를 통해 카드를 발급받는 것을 추천한다. 네이버페이나 토스처럼 회원 수가 대규모인 핀테크사에서 상시적으로 진행하는 각 카드사의 프로모션을 활용한다면 적어도 한 카드사당 10만 원 이상의 혜택은 쉽게 볼 수 있다. 홈페이지에서 카드를 신청하는 경우와 이런 이벤트를 통해 카드를 신청하는 경우를 비교하면 똑같은 카드를 신청하더라도 받을 수 있는 이벤트 혜택이 달라진다.

(2) 보험

보통 사람들은 보험을 몇 개나 가입하고 있을까? 대학교를 졸업하고 사회인이 되기 전까지는 많은 사람들이 부모님이 어렸을 때 가입해준 실비보험 정도만 가입한 상태일 것이다. 그렇기에 직장생활을 하면서 보험비를 납부하는 것이 부담으로 다가온다. 특히 나이를 먹을수록 실비보험만이 아니라 암보험, 상해보험, 생명보험, 자동차보험, 연금보험 등 가입해야 할 보험상품이 늘어난다. 또한 매년 갱신되는 보험료에 이미 가입한 보험상품으로 지출은 늘어나고 생활마저 쪼들리게 되어 손해 보면서 보험을 해약하게 된다. 그리고 몇 년이 지나고 생활이 안정되어 다시 보험을 가입하는 악순환을 반복한다.

보험 플래너를 하시는 친척이 보험 하나 들어달라고 하니 가입해 주기도 한다. 그러나 보험은 주변의 권유보다 나에게 필요한 보험을 직접 조회해보고 온라인 다이렉트 같은 상품을 통해 저렴하게 가입하는 것이 좋다. 저렴한 보험료로 시작하면 향후 보험료가 갱신되더라도 그 상승폭이 상대적으로 낮다.

(3) 연금보험과 연금저축보험

　직장인이라면 연금보험 하나쯤은 가입해서 매월 납부하고 있을 것이다. 그런데 어떤 사람은 연금보험에 가입했고, 어떤 사람은 연금저축보험에 가입했다. 상품의 이름만 보면 비슷해 보이지만 실제로 이 두 가지는 성격이 다른 금융상품이다. 이 두 가지 상품은 세금을 어느 시점에 납부하느냐에 따라 쉽게 구분할 수 있다.

　연금저축보험은 연말정산 시 연 400만 원 한도 내에서 세액공제를 받을 수 있다. 반면에 연금보험은 연말정산 시 세액공제의 혜택은 없으나 연금을 수령할 때 소득세를 내지 않고 이자소득에 대해 비과세 혜택을 받는다. 이렇게 두 상품은 절세를 어느 시점에 하느냐가 다른 상품이다. 따라서 가입 전에 본인에게 유리한 상품을 선택해야 한다.

(4) 개인퇴직연금(IRP)

　개인퇴직연금(IRP)은 연금보험이나 연금저축보험과 같은 대표적 절세 상품이다. 매월 자유롭게 개인부담금을 납입하고 납입한 금액만큼 세액공제를 받으며, 납입한 금액은 향후 연금 형식으로 지급받을 수 있는 상품이다.

연금보험이나 연금저축보험은 매년 400만 원까지 세액공제가 가능하지만, 여기에 개인퇴직연금을 합산할 경우 700만 원까지 가능해진다. 따라서 연말정산 시 토해내는 직장인이라면 이 상품에 가입해 절세 효과도 누리고 향후 은퇴 시기를 대비하는 자금을 모아두는 용도로 활용해도 좋다.

(5) 자동차보험

자동차 소지자라면 누구나 필수로 가입해야 하는 것이 자동차보험이다. 우리나라에는 약 14개의 손해보험사가 있는데 자동차보험은 우선 손해보험사만을 통해 가입할 수 있다. 가입은 당연히 온라인으로 가입하는 것이 가장 저렴하다. 각 보험사별로 자동차보험 다이렉트라는 상품을 많이 판매한다. 운전 경력이나 차종, 그리고 운전자 범위가 다르기 때문에 보험료 금액보다는 각 항목의 할인율과 어떤 것을 보장하는지 확인한다.

블랙박스, 첨단안전장치(전방충돌방지장치, 차선이탈경고장치), 마일리지 할인특약이다. 가장 할인이 많이 적용되는 특약이 마일리지 할인특약이므로 가입해야 한다. 보장 항목은 대인배상1, 대인배상2, 대물배상, 자기신체사고·자동차상해, 자기차량손해, 무보험차상해, 긴급출동서비스이며 추가특약 구성도 살핀다.

대인배상1 항목은 자배법에 따른 의무보험으로 반드시 가입해야 하는 항목이라 선택의 여지가 없다. 대인배상2 항목은 혹시라도 있을 수 있는 사망, 뺑소니, 12대 중과실 사고를 제외한 사고 시 형사처벌과 같은 항목을 면할 수 있는 보장 항목으로 선택 사항이지만 대인보험1로는 제대로 커버가 안 되므로 가입하는 것을 권장한다.

대물배상 항목은 다른 사람의 자동차나 재물에 끼친 손해를 보상받을 수 있는 항목으로 의무보험 항목이다. 다만 가입 시 보장 금액을 최소 2천만 원부터 최대 10억 원까지 설정할 수 있는데 보장 금액을 최대로 가입하는 것을 권장한다.

자기신체사고·자동차상해 항목은 이 중 한 가지 항목만 가입할 수 있다. 비용적인 측면을 보면 자동차상해 항목이 자기신체사고 항목보다 비싸지만, 사고가 발생했을 때 충분히 보상을 받을 수 있기 때문에 선택한다. 반면에 자동차보험료가 부담되는 사람은 자기신체사고 항목으로 선택하더라도 지원 한도 내에서 보장은 어느 정도 받을 수 있기 때문에 가입한다.

자기차량손해 항목은 사고로 피보험자동차에 직접적으로 생긴 손해를 보상하는 항목이다. 즉, 사고가 나면 내가 부담금을 내고 내 차를 수리할 수 있다. 자기부담금을 30%로 하면 보험료가 조금 저렴하다. 그리고 긴급출동서비스나 추가특약 같은 경우는 적은 보험료로 혹시 모를 사고에 대비해 가입을 권장한다.

일반적인 보험 가입 시 주의 사항

- 보험계약의 기본 사항(상품명, 보험기간, 보험료, 납입기간, 피보험자 등) 확인하기
- 계약 전 가입자 정보(현재 앓고 있는 병, 가족력, 근무환경 등) 알리기
- 보험 보장 개시일 확인하기
- 해약환급금이 언제부터 지급될 수 있는지 확인하기
- 보험 가입 취소하고 싶다면 보험증권을 받은 날로부터 15일 이내 철회청구
  제도 활용하기

다음과 같이 자동차보험 가입자가 꼭 체크해야 하는 부분을 기본담보, 특약담보, 할인특약으로 나눠서 표로 만들었으니 보험회사 간 비교하며 확인한다.

자동차보험 가입자가 꼭 체크해야 하는 부분		
기본담보	대인배상	전 회사 동일, 특이사항 없음
	대물배상	최소 5억 원 이상으로 서울, 경기, 부산 지역 무조건 10억 원
	자기신체사고	반드시 자동차상해로 꼭 변경해서 가입
	자동차상해	사망가입금액을 최소 2억 원 이상, 보통 5억 원으로 가입 부상가입금액은 무조건 1억 원 이상으로 가입을 권고
	무보험차상해	가입금액 5억 원으로 필수 가입
	다른자동차운전담보	무보험차상해에 자동 가입
	다른자동차자차담보	무보험차상해에 자동 가입
	자기차량손해	자차단독사고확장특약이 있는지 꼭 확인 본인 차량과 동일한지, 옵션이 정상적으로 추가되었는지 자차가입금액이 100% 가입되어 있는지 확인
	긴급출동서비스	기본으로 가입
	견인확장특약	견인확장특약으로 600M로 되어 있는지

특약담보	벌금	2,000만 원 전 회사 동일함
	형사합의금	꼭 최고급형으로 가입, 즉 3,000만 원으로 가입
	변호사선임비	500만 원으로 가입
	상급병실로	꼭 500만 원으로 가입해야 함
	성형, 치아보험	가입해야 함
	상해간병비	꼭 최고급형으로 가입, 즉 3,000만 원으로 가입
	가족생활비	가입해야 함
	자녀케어	가입해야 함(만 18세 미만 자녀가 있는 경우)
	실비케어	가입해야 함(만 65세 이상 본인 또는 부모가 있는 경우)
	자녀다른자동차운전	꼭 가입해야 함
	뺑소니사망담보	가입해야 함
	임직원중증상해	법인용에 3,000만 원으로 가입 필수
	대리운전담보	대리운전 사용을 많이 하는 고객은 가입 필수
	신차손해담보	가입해야 함(신차등록일로부터 6개월 이내 가능)
	전손대체비용	가입해야 함
	렌트카단기운전	렌트 대여 시 렌트보상한도초과 대인2, 대물, 자손, 자상, 자차
할인특약	블랙박스할인	보통 3~5% 할인
	마일리지할인	보통 5~40%까지 할인
	자녀할인	보통 3~13% 내외 할인
	사고, 긴급사항통보	보통 7% 내외 할인
	전기차할인	보통 9.4% 내외 할인
	나눔특약할인	보통 8% 내외 할인
	고령자교통안전교육	보통 5% 내외 할인
	다수차량가입할인	법인용은 10대 이상 17% 할인, 20대 이상 33% 할인
	임직원전용	보통 1% 내외 할인

지금 당장 시작하는 패시브 인컴 만들기

(6) 실비보험

　실비보험은 우리 국민 3천만 명 이상이 가입한 상태로, 제2의 국민건강보험이라고 불린다. 실비보험은 실제 내가 사용한 병원비를 기준으로 가입 시점에 보험상 계약된 자기공제금을 제외하고 80~90%를 돌려받을 수 있는 보험이다. 실비보험을 어느 시점에 가입했느냐에 따라 보장 내용이 다를 수 있으나 일반적으로 질병이나 상해로 인한 통원치료는 보장 한도가 일 25만 원이다.

　실비보험은 가입 기간에 따라 실비보험 1세대(2009년 9월 이전), 실비보험 2세대(2017년 3월 이전), 실비보험 3세대(2017년 4월 이후부터 현재까지)로 구분된다. 1, 2세대의 실비보험은 굉장히 보장 내용이 좋은 보험상품이지만 보험료가 매년 높게 갱신된다. 3세대 실비보험은 신규로 가입하는 사람이 계속 있으므로 월 보험료가 저렴해졌다.

　그렇다고 1, 2세대의 실비보험을 해지하고 다시 3세대 실비보험을 가입하는 것은 좋지 않다. 왜냐면 과거 병력에 따라 가입하고 싶어도 가입을 하지 못하는 상황이 생길 수도 있고, 보장은 1, 2세대가 좋다.

　실비보험과 실손보험의 차이는 다음과 같다.

	실비보험	실손보험
보상 방식	- 실제 지출한 비용 보상(보험사에 청구)	- 미리 정해진 항목과 한도 내 지 출한 비용(청구 절차 없음)
가입 가격	- 보험료가 비쌈	- 저렴한 보험료
보상 범위	- 의료비, 입원비, 통원비, 약제비, 검사비 등	- 정해진 질병이나 상해에 대한 치 료비

　가족의 의료비 특성과 보험료를 비교하고, 보험사의 신뢰도를 고려하여 자신과 가족에게 가장 적합한 보험을 선택하는 것이 중요하다.

8. 부동산

(1) 부동산투자

- 부동산은 자산을 늘리는 데 매우 중요하다.
- 한국의 특수 환경과 정부의 제도가 부동산을 키워왔다.
- 현재 가정의 자산에서 부동산이 가장 높은 자산 비중을 차지한다.
- 1976년 서울 압구정 현대아파트 30평형 분양가가 865만 원이었다. 현재 가격은 40~60억 원 정도 된다고 한다.
- 부동산계산기(앱)을 활용하여 중개보수, 양도세, 취득세, 보유세, 증여세, 상속세 등 사전 계산을 해본다.
- 개별적인 상황의 부동산 세금은 국세청 126번 전화를 활용한다.
- 부동산투자와 투기는 한 글자 차이로, 전세 레버리지 투자를 활용한다.
- 부동산투자는 패시브 인컴(Passive Income)을 만드는 데 반드

시 필요하다.

☐ 경제 관련 독서는 부자가 되기 위한 필수 덕목이다.

☐ 매주 KB부동산 리브온에서 제공하는 '주간동향보고서'로 가격 흐름을 파악하고, 호갱노노(앱), '국토교통부 실거래가' 조회로 흐름을 확인한다.

> 정권별 아파트 가격 추이의 그래프를 보면 진보당이 정권을 잡으면 각종 부동산 규제 정책이 강화되어 아파트 가격이 상승했고, 보수당이 정권을 잡으면 규제 완화로 공급이 늘어나고 가격이 적게 오르는 경향을 확인할 수 있다. 하지만, 정권은 영속성이 없고 바뀐다. 정부의 부동산 정책에 따라 아파트 가격이 움직이는 것에 대응해야 한다.
> 건설 자재비와 인건비 상승으로 아파트 분양가는 상승하고, 실거래도 상승한다. 건설사도 마진이 적어져 힘들고 재건축 조합원도 힘들다.
> 공급과 수요의 시장 원리가 제대로 작동하는지 살피며 투자한다.

(2) 부동산투자의 기본 마인드

☐ 부동산 전반의 안목 형성: 기본적으로 하락장 침체기에 매수하고, 상승장 최고가에 매도하여 수익률을 높인다.

☐ 사전에 종잣돈 준비: 부동산은 종잣돈을 마중물로 자라나는 돈나무다.

지금 당장 시작하는 패시브 인컴 만들기

- □ 언제나 결단력이 필요(Action): 망설이고 행동이 없으면 아무 것도 없다(일반적으로 말만 앞서고 행동하지 않으면 가난하게 산다).
- □ 뜨거운 부동산 열정: 10년이면 작은 빌딩 하나는 갖게 된다.
- □ 평상시에 어떤 목표를 갖고 생활: 미래를 상상하면 삶에 의욕이 생긴다(오늘 관악산에 올라 서울 시내를 내려다보고 많은 아파트와 빌딩을 바라보며 내가 소망하고 꿈꾸는 나의 자산을 상상하라! 꼭 이루어진다).
- □ 자기자본 소액으로 부동산투자 시작: 타인자금(전세금, 보증금), 자기신용(대출금, 차용금)을 최대한 활용한다.
- □ 항상 국내외 부동산시장 흐름을 확인하고, 정부 정책(규제, 금리, 법률, 세금)과 변화에 대응한다(절세상품 등 확인).
- □ 해당 지역의 랜드마크와 호재, 발전 가능성이 있는 비싼 곳에 투자한다(지하철, GTX, 백화점, 학군 등).

부동산투자의 목적을 정하고 마음가짐을 잡는 것은 당연하다.
우리가 상식적으로 '부동산투자 기본 마인드'를 체크하고, 어느 것을 주안점으로 둘 것인지 생각을 하고 결정을 한다.

모든 항목이 만족하지는 않지만, 그중에서 장기적인 안목을 갖고 미래의 발전 가능성 호재를 중시하여 투자하면 좋다.

(3) 부동산 실전

- □ 주택공급에 관한 규칙(국토교통부령) 등 정부 정책을 익힌다(주택공급신청 방법, 주택공급 방법 - 일반, 우선, 특별).
- □ 한국부동산원 청약 홈페이지의 청약가점 계산기를 활용한다. 청약홈(앱)을 휴대폰에 설치하고 관심 지역 청약 알리미를 신청한다.
- □ 부동산투자의 기본은 저렴하게 사고, 비싸게 파는 것이다.
- □ 부동산 매도에 따른 소득 발생에 양도세를 내야 하므로 주거의 1가구 1주택 비과세를 활용한다.
- □ 공공분양 특별공급과 규제 지역, 공공택지 등의 분양가 상한제가 적용되는(서울 강남3구, 용산구) 단지에 청약한다.
- □ 신규 청약을 할 때는 주변 시세보다 10% 이상 저렴한 곳을 선택한다.
- □ 비규제 지역의 경우 전용 85㎡ 이하는 60%, 기타 추첨제로 진행된다.
- □ 1주택자는 추첨제를 기대하며 청약을 한다.
- □ 부동산 입지(교통, 교육, 환경)와 향후 발전성(호재)을 보고 투자한다.

내 집으로 돈 버는 3가지 방법

- 재건축 리모델링 아파트에서 몸테크: 내 집으로 돈을 제일 많이 벌 수 있는 방법이다. 재건축은 단계별로 상승하고 마지막에 빛을 본다. 결국 제일 비싸질 아파트 단지들이다.
- 신축아파트 거주, 분양권, 입주권: 신축아파트의 커뮤니티와 사람들의 자부심이다. '나 여기 신축 살아.'
- 월세 살면서 재건축 투자: 신축에 월세로 거주하면서 재건축 투자를 하는 방법이다. 삶의 질과 투자 가치 두 마리 토끼를 잡는 방법이다.

(4) 아파트 청약하기

휴대폰에 청약홈 앱과 부동산계산기 앱을 깔아놓고 언제나 관심을 갖고 생활에 적용한다.

① 주택청약종합저축(84점) 가입

무주택 기간

15년 이상(최대 32점)

청약통장 가입 기간

15년 이상(17점)

부양가족 수

6명 이상(35점)

② 주택공급

국민주택

특별공급 85%, 일반공급 15%

민영주택

특별공급 50%, 일반공급 50%

③ 특별공급

아파트 특별공급은 사회적으로 배려가 필요한 사람들을 위하여 정부가 지원하는 것이기 때문에 한 세대당 평생에 1번만 공급을 받을 수 있다. 청약통장을 가지고 있어도 일반분양으로 신청했을 때 당첨될 확률은 매우 적다. 그래서 청약 1순위 접수보다 먼저 진행하는 아파트 특별공급 자격 조건 사항을 확인하여 접수한다.

신혼부부, 생애최초, 다자녀, 노부모, 기관추천(장애인, 중소기업, 국가유공자, 장기군인, 체육인) 등에 해당되는 가정에 지급되는 유형으로, 다른 전형들에 비해 당첨 확률이 높다. 나에게 어떤 특별공급이 해당되는지 살펴봐야 한다.

아파트 분양의 절반 이상을 특별공급으로 분양을 하다 보니 일반청약으로는 점수가 높아 도저히 어려운 점이 있으니 나에게 맞는 특별공급을 찾는다.

신혼부부

입주자 모집공고일 현재 신혼부부(혼인 기간이 7년 이내), 예비 신혼부부, 월 평균 소득 140% 이하, 전용면적 85㎡이하, 소득과 자산 기준을 적용한다.

생애최초

처음 집을 사려는 사람을 대상으로 한 분양이다(전용면적 85㎡이하, 세대구성원이 주택 무소유).

다자녀

2명 이상 다자녀를 둔 무주택세대 구성원을 대상으로 한다(소득에 제한 없음).

노부모

만 65세 이상의 노부모를 3년 이상 부양한 경우에 해당한다(주택 면적에 제한 없음).

기관추천

독립유공자, 국가유공자, 보훈보상대상자, 장기복무군인, 장애인, 중소기업 등이 해당한다(기관별로 신청을 받아 심사를 통해 선정, 추천).

④ 일반공급

투기과열지구

- □ 60㎡ 이하: 가점 40%, 추첨 60%
- □ 60~85㎡: 가점 70%, 추첨 30%
- □ 85㎡ 초과: 가점 80%, 추첨 30%

조정대상지구

- □ 60㎡ 이하: 가점 40%, 추첨 60%
- □ 60~85㎡: 가점 70%, 추첨 30%
- □ 85㎡ 초과: 가점 50%, 추첨 50%

추첨은 무주택자 75%, 1주택자 25% 배정되므로 1주택자에게는 추첨 비중이 25평에서는 전체 물량의 15% 정도이고, 33평에서는 전체 물량의 7.5%가 된다.

(5) 지역주택조합

① 지역주택조합은 원수에게나 추천한다(비추천)

'지역주택조합은 원수에게나 추천한다'라는 말이 있다. 그간 지역 주택조합과 관련된 사기 피해가 많았기에 이런 말이 나온 것 같다.

재건축, 재개발 조합이나 지역주택조합은 '새집을 짓자'라는 목표는 같으나, 시작점이 완전히 다르다. 재건축, 재개발 조합은 이미 땅을 갖고 있는 소유주들이 추진하는 반면에 지역주택조합은 토지 소유권이 확보되지 않은 상태에서 사업을 계획한다.

어떤 지역의 입지가 좋으니 다 함께 땅을 사서 여기에 새 아파트를 짓자고 조합원에 가입을 한다. 실제 지자체로부터 사업계획을 승인받으려면 주택을 건설하려는 대지의 소유권을 95% 이상 얻어야 한다.

② 지역주택조합은 토지 소유권 확보에 승패가 달려 있다

문제는 토지 소유권을 95% 이상 확보하는 것이 어렵다는 점이다(토지사용승낙서를 가지고 토지 매입을 했다는 식으로 과장광고 주의).

현재 소유주가 땅을 팔기 싫다고 하든가, 이른바 알박기를 하면서 시세보다 훨씬 높은 가격을 요구하는 경우가 있다. 사업이 지연되면 그 피해는 고스란히 조합원에게 돌아간다.

지역주택조합에 가입하기 전에 토지사용권원(토지사용동의서)과 토지 소유권을 얼마나 확보하였는지 반드시 알아보고 해당 자치구에 문의하여 알아보아야 한다.

또 토지매입 전에 조합원을 모집하기 때문에 분양가격이 불투명하다.

③ 입주 시에 추가 분담금 여지가 많다

사업 과정에서 각종 갈등이 생기고, 이로 인해 사업이 늦어지면 금융비용이나 공사비 증가는 조합원이 부담해야 한다. 사업 과정에서 분담금이 추가될 여지가 상당히 많다. 그리고 조합을 탈퇴하는 게 쉽지 않고, 계약금과 업무대행비, 중도금 등 이미 지불한 분담금을 환불받지 못한다.

결국, 지역주택조합은 분양이 아니라 조합원 모집이기에 사업 지연이나 실패의 책임도 모두 개인들이 져야 한다.

④ 사업 지연 시 탈퇴, 환불 거의 불가하다

사업이 약속한 날짜보다 현저히 늦어지더라도 계약금을 받아내기는 정말 쉽지 않다. 왜냐하면 이미 업무대행사가 광고, 조합 운영, 모델하우스 건축비, 월세, 조합원 모집수당 등 많은 비용을 이미 지출했으므로 소송을 하더라도 조합 통장에는 이미 돈이 없다. 소송에 이길 확률도 적지만(조합은 전문 변호사), 이기더라도 지불한 돈을 돌려받기는 매우 어렵다.

조합원 모두가 사업시행자로서 손실 부분을 조합원이 책임을 져야 하므로 지역주택조합에 가입하는 순간에 탈퇴는 어렵다(다른 조합원들이 원수처럼 탈퇴를 시켜주지 않고, 악마처럼 같이 죽자고 한다).

⑤ 선량한 시민이 억울하게 당하는 일은 없어야

이와 같이 지역주택조합 가입의 단점들이 많음에도 불구하고 정부에서도 폐지를 못 하는 것은 그곳에서 벌어먹는 사람들도 국민이기 때문이다. 조합장, 시행사, 건설사, 변호사 등 많은 사람들의 일터로 인정하는 측면도 있으나, 선량한 시민들이 억울하게 당하는 일은 없어야 하겠다.

지역주택조합의 활용

정말 미운 사람이나 원수에게 조용히 슬쩍 "진짜 좋은 게 있는데…" 하면서 권한다.

구분	지역주택조합	재건축	재개발
근거	주택법	도시 및 주거환경정비법	
목적	무주택자 등의 주택 마련 및 주택공급 촉진	토지 등(토지, 건축물, 지상권) 소유자의 주거환경개선	
방식	민영개발	민영/공영개발	
사업주체	지역주택조합 (비법인 사단)	정비사업조합 (공법인)	
사업대상	공동주택 등	공동주택	노후불량건축물
조합원 자격	9개 광역생활권에 6개월 이상 거주하는 무주택 또는 85㎡ 이하 1주택 소유자	정비구역 내 토지 등 소유자	
실질적 조합 운영	조합 업무대행사	정비사업 전문 관리업체	
토지매입	100% 조합원 개인자금	본인 소유 토지 제공, 미동의자 및 국유지 매입	
미동의자 토지	매도청구 (사업승인 이후)	수용 (시행인가 이후)	매도청구 (조합설립 이후)
관리처분 계획	불필요	필요	

장점	- 청약통장 필요 없음 - 임대주택 건축 의무 없음 - 상대적으로 적은 미분양 위험	- 초기비용이 적음 - 별도 조합 자격 요건이 없어 설립하기 쉬움 - 조합원 간 갈등이 상대적으로 적음
단점	- 조합원 모집 지연 시 추가 부담금 발생 - 조합원 간 갈등 상존 - 초기비용이 많이 발생	- 동호수 지정 불가 - 건축 의무로 용적률이 감소하여 사업성이 상대적으로 낮음 - 복잡한 개발 절차로 인한 비용 증가

(6) 부동산 세법

① 양도소득세 계산

양도가액에서 취득가액과 필요경비를 뺀 양도차익에 장기 보유 특별공제 적용을 받으면 양도소득이 나오고, 양도소득에 기본공제를 하면 양도소득세 과세표준이 된다. 이렇게 나온 양도세 과세표준에 양도소득세율을 곱하면 양도세 산출세액이 나온다. 다음 그림은 양도세 계산 방법을 나타낸 것이다.

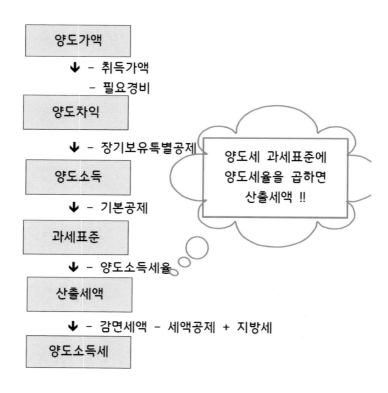

② 양도소득세 기본세율(2년 이상 보유)

소득세법 104조(양도소득세의 세율) 1항에 따른 양도소득세 기본
세율은 다음과 같다.

지금 당장 시작하는 패시브 인컴 만들기

양도세 표준구간	양도세율	누진공제
1,400만 원 이하	6%	-
1,400만 원 초과 ~ 5,000만 원 이하	15%	126만 원
5,000만 원 초과 ~ 8,800만 원 이하	24%	576만 원
8,800만 원 초과 ~ 1억 5,000만 원 이하	35%	1,544만 원
1억 5,000만 원 초과 ~ 3억 원 이하	38%	1,994만 원
3억 원 초과 ~ 5억 원 이하	40%	2,594만 원
5억 원 초과 ~ 10억 원 이하	42%	3,594만 원
10억 원 초과	45%	6,594만 원
미등기 양도자산	70%	-

□ 양도소득세는 소득세 중 하나이기 때문에 소득세 과세표준구간 세율을 적용한다. 단, 미등기 양도자산은 70%의 양도세율이 적용된다.

□ 그 외 기타 자산은 보유 기간 상관없이 기본세율이다.

③ 단기 보유 시 양도세율

보유 기간	주택, 입주권	분양권	토지	비사업용토지
1년 미만	70%	70%	50%	50%
1년 이상 ~ 2년 미만	60%	60%	40%	40%
2년 이상	기본세율	60%	기본세율	기본세율 +10%

□ 주택과 입주권은 1년 미만 보유 시 70%, 1년 이상 2년 미만 보유 시 60%의 양도세 단기세율을 적용한다.

□ 분양권은 1년 미만 보유 시 70%이고 1년 이상 보유 시 60%의 양도세율이 적용된다. 분양권을 등기 치지 않고 전매를 한다면 투자 수요로 보기 때문에 분양권은 2년 넘게 보유해도 기본세율이 아닌 단기세율이 적용된다.

□ 토지는 1년 미만 보유 시 50%, 1년 이상 2년 미만 보유 시 40%의 단기세율이 적용된다.

□ 조정지역 다주택자와, 비사업용토지는 단기 보유했을 경우 양도소득세 단기세율과 중과세율 중 세액이 큰 세액으로 적용한다.

주의해야 할 것은, 양도세를 부과하는 과세 대상 부동산을 양도한 경우에는 양도일이 속하는 달의 말일부터 2개월 안에 해당 서류를 지참하여 관할 세무서에 예정신고를 하거나 국세청 홈택스 사이트에서 전자신고를 해야 한다는 점이다.

④ 조정지역 다주택자 양도소득세 중과세율

다음은 2024년 5월 10일 이후에 적용되는 조정지역 다주택자 양도소득세 중과세율이다.

양도세 표준구간	조정 2주택 양도세율	조정 3주택 이상 양도세율	누진공제
1,400만 원 이하	26%	36%	-
1,400만 원 초과 ~ 5,000만 원 이하	35%	45%	126만 원
5,000만 원 초과 ~ 8,800만 원 이하	44%	54%	576만 원
8,800만 원 초과 ~ 1억 5,000만 원 이하	55%	65%	1,544만 원
1억 5,000만 원 초과 ~ 3억 원 이하	58%	68%	1,994만 원
3억 원 초과 ~ 5억 원 이하	60%	70%	2,594만 원
5억 원 초과 ~ 10억 원 이하	62%	72%	3,594만 원
10억 원 초과	65%	75%	6,594만 원

☐ 2024년 5월 9일까지 조정지역 다주택자 중과세율 적용이 유예되어 주택의 양도세율은 기본세율이 적용되지만 2024년 5월 10일부터 다시 중과세율이 적용된다.

☐ 조정지역 3주택 이상인 다주택자가 조정지역에 있는 주택을 매도할 땐 최고 82.5%(75%+지방세7.5%)까지 세금을 내야 한다.

양도소득세 신고 서류는 건축물대장 및 토지대장, 건물 및 토지 등기부등본, 매도 및 매수 매매 계약서 사본, 중개수수료 지급액, 법무사 수수료, 송금 영수증 등 기타 필요 경비를 입증할 증빙서류다.

⑤ 비사업용토지 양도세 중과세율

구분		보유 기간	세율	비고
비사업용 토지	지정 지역 (2018년 1월 1일 이후)	1년 미만	50%	中 큰 세액
			비사업용토지세율+10%p	
		2년 미만	40%	中 큰 세액
			비사업용토지세율+10%p	
		2년 이상	비사업용토지세율+10%p	(경합 없음)
	일반 지역	1년 미만	50%	中 큰 세액
			비사업용토지세율	
		2년 미만	40%	中 큰 세액
			비사업용토지세율	
		2년 이상	비사업용토지세율	(경합 없음)

□ 토지의 양도세 세율은 기본세율이지만 비사업용토지의 경우 엔 10%의 세율이 중과된다.

□ 비사업용토지란 나대지·부재지 소유 임야 등을 실수요에 따라 사용하지 않고 재산증식 수단의 투기적 성격으로 보유하고 있는 토지를 말한다.

⑥ 조정지역 다주택자 단기 보유 매도 양도세 세율경합

양도세 표준구간	조정 2주택 양도세율	조정 3주택 이상 양도세율	누진공제
1,400만 원 이하	26%	36%	-
1,400만 원 초과 ~ 5,000만 원 이하	35%	45%	126만 원
5,000만 원 초과 ~ 8,800만 원 이하	44%	54%	576만 원
8,800만 원 초과 ~ 1억 5,000만 원 이하	55%	65%	1,544만 원
1억 5,000만 원 초과 ~ 3억 원 이하	58%	68%	1,994만 원
3억 원 초과 ~ 5억 원 이하	60%	70%	2,594만 원
5억 원 초과 ~ 10억 원 이하	62%	72%	3,594만 원
10억 원 초과	65%	75%	6,594만 원

조정지역 1세대 2주택 세율경합

☐ 1년 미만: 70%

☐ 2년 미만: 20% 중과 또는 60% 中 큰 것

☐ 2년 이상: 20% 중과

조정지역 1세대 3주택 세율경합

☐ 1년 미만: 30% 중과 또는 70% 中 큰 것

☐ 2년 미만: 30% 중과 또는 60% 中 큰 것

☐ 2년 이상: 30% 중과(36~75%)

⑦ 비사업용토지 단기 보유 매도 양도소득세 세율경합

지정 지역 비사업용토지 세율경합

□ 1년 미만: 비사업용토지세율+10% 중과 또는 50% 中 큰 것

□ 2년 미만: 비사업용토지세율+10% 중과 또는 40% 中 큰 것

□ 2년 이상: 비사업용토지세율+10% 중과

일반 지역 비사업용토지 세율경합

□ 1년 미만: 비사업용토지세율 또는 50% 中 큰 것

□ 2년 미만: 비사업용토지세율 또는 40% 中 큰 것

□ 2년 이상: 비사업용토지세율

⑧ 양도세 중과세 대상 주택 수 제외

3주택 중과 계산 시 주택 수에서 배제

㉠ 수도권, 광역시, 특별자치시(세종시) 이외 지역이면서 기준시가 3억 원 이하

㉡ 수도권, 특별시의 읍·면 지역과 광역시의 군 지역이면서 기준시가 3억 원 이하

㉢ 상속주택(5년 이내)

㉣ 장기임대주택

ⓜ 문화재 주택

ⓑ 5년 이상 운영한 가정어린이집

ⓢ 저당권실행, 채권변제를 위해 취득한 주택(3년 이내 양도)

ⓞ 장기사원용 주택(10년 이상 무상제공)

ⓩ 조특법상 감면대상 주택(장기임대, 미분양, 신축)

ⓒ 위 ㉠~ⓩ 외에 1개의 주택만을 소유하는 경우에 해당 주택

2주택 중과 계산 시 주택 수에서 배제

㉠ 위 ㉠~ⓩ 모두 포함

㉡ 일시적 2주택 비과세 주택(혼인, 봉양, 취학, 질병, 근무)

㉢ 양도 당시 기준시가 1억 원 이하 주택(정비구역 내 주택 제외)

㉣ 소송으로 취득한 주택(확정판결일부터 3년 이내 양도)

㉤ 위 ㉠~㉣ 외에 1개의 주택만을 소유하는 경우에 해당 주택

⑨ 1세대 1주택의 특례(소득세법 시행령 제155조): 비과세

☐ 일시적 2주택이 된 경우, 신규 주택을 취득한 날로부터 3년 이내에 종전 주택을 양도한 경우(조건: 종전 주택 취득한 날부터 1년 이상 지난 후 신규 주택 취득할 것)

☐ 상속받은 주택(조합원 입주권, 분양권 포함)으로 피상속인이 2주택 이상(재개발사업, 재건축사업)이 된 경우

□ 공동상속주택으로 피상속인이 2주택 이상이 된 경우(상속지분이 가장 큰 상속인과 당해주택 거주자는 제외)

□ 1주택자가 60세 이상의 직계존속을 동거 봉양하기 위해 세대를 합친 경우(10년 이내 먼저 양도하는 주택 비과세)

□ 혼인함으로써 1세대가 2주택이 된 경우(혼인한 날부터 5년 이내에 먼저 양도한 주택 비과세)

□ 문화재 주택과 일반주택을 소유하고 있는 경우(일반주택을 양도한 경우 비과세)

□ 읍·면 지역(농어촌주택)에 소재하는 주택과 일반주택을 소유한 경우(일반주택을 양도하는 경우 비과세)

□ 기획재정부령으로 정하는 취학, 근무상의 형편, 질병의 요양, 그 밖에 부득이한 사유로 취득한 주택(수도권 밖)과 일반주택을 소유한 경우(부득이한 사유가 해소된 날로부터 3년 이내에 일반주택 양도하면 비과세)

□ 전업으로 인하여 다른 지역으로 전출한 경우

□ 고가주택 아니고, 대지면적 660㎡ 이내로 영농 목적 취득

□ 귀농으로 인한 최초로 양도하는 일반주택

□ 귀농주택으로 3년 이상 영농한 경우 일반주택

□ 다가구주택을 하나의 매매 단위로 양도한 경우 그 전체

□ 공공기관 이전에 따른 이주 시(수도권 밖), 종전 주택 취득한 날(1년) 미적용

⑩ 일시적 1가구 2주택 비과세 조건

□ 조합원 입주권 취득 후 3년 이내 종전 주택 양도한 경우(조건: 종전 주택 취득 후 1년 경과, 소득세법 시행령 제156조의 2 제3항)

□ 1주택자가 조합원 입주권 취득 후 3년이 지나 종전 주택을 양도하는 경우(다음 조건을 모두 충족할 것: 신규 주택 완성 후 2년 이내에 세대 전원 이사 및 1년 이상 거주, 신규 주택 완공 전 또는 완공 후 2년 이내 종전 주택 양도 - 소득세법 시행령 제156조의 2 제4항)

⑪ 소득세법 제89조에 따른 비과세

소득세법 제89조(비과세 양도소득) 각 호에 해당되는 경우 비과세된다.

⑫ 주택 수에 포함되지 않는 주택

주택 수에 포함되지 않는 주택(기준시가 1억 원, 2억 원, 3억 원)의 세금(취득세, 종합부동산세, 소득세, 양도소득세)을 정리하면 다음과 같다.

공시가격 1억 원 이하의 주택

구분	기준시가(주택 공시가격) 1억 원 이하 주택(주택 수 제외 여부)	
	주택 수 포함	주택 수 미포함
취득세	해당 주택 취득 시 취득세 중과하지 않음	다른 주택 취득 시 보유 중인 해당 주택은 주택 수 포함하지 않음
	- 도정법에 따른 정비구역으로 지정, 고시된 지역 또는 소규모주택정비법에 따른 사업시행구역에 소재하는 주택은 시가표준액 1억 이하 주택이라도 주택 수에 포함(해당 주택 취득 시 중과 대상)	
종합부동산세	원칙은 주택 수 포함(종부세 대상, 주택 공시가격 합산)	
	- 종부세 합산배제 요건을 갖춘 임대주택, 사원용 주택은 주택 수 미포함 - 1세대 1주택 판정 시 다음의 경우 주택 수 미포함 　㉠ 일시적 2주택의 신규 주택(신규 주택 취득한 날부터 3년 이내 종전 주택 양도) 　㉡ 1주택과 상속받은 주택 보유 시 상속주택(세부요건 생략) 　㉢ 1주택과 지방 저가 주택 1채 보유 시 지방 저가 주택(세부요건 생략)	
소득세	- 주택 수 포함. 다만, 전용면적 40㎡ 이하이면서 기준시가 2억 이하 주택	

취득세

☐ 공시지가 1억 원 이하의 주택 취득 시 취득세의 중과는 되지 않는다. 만약, 다른 주택 취득 시 현재 보유 중인 해당 주택은 주택 수에 포함되지 않는다.

☐ 도정법에 따라 정비구역 지정 고시된 지역이거나 소규모주택 정비법에 따른 사업시행구역에 소재하는 주택은 시가표준액 1 억 원 이하 주택이라도 주택 수에 포함된다(해당 주택 취득 시 중 과 대상).

⑬ 종합부동산세

원칙은 주택 수에 포함되고 종부세 대상이며 주택 공시가격은 합산된다(다만, 예외적으로 종부세 합산 배제 요건을 갖춘 임대주택, 사원용 주택은 주택 수에 포함되지 않는다). 1세대 1주택 판정 시에는 다음의 경우 주택 수에 포함되지 않는다.

☐ 일시적 2주택의 신규 주택(신규 주택 취득한 날로부터 3년 이내 종전 주택 양도 조건)

☐ 1주택과 상속받은 주택 보유 시 상속주택

☐ 1주택과 지방 저가 주택 1채 보유 시 지방 저가 주택

⑭ 종합부동산세에서 1세대 1주택으로 보는 경우 중 2가지

1주택과 상속받은 주택으로서 대통령령으로 정하는 주택을 함께 소유하고 있는 경우

☐ 과세기준일 현재 상속개시일부터 5년이 경과하지 않은 주택

☐ 지분율이 100분의 40 이하인 주택

☐ 지분율에 상당하는 공시가격이 6억 원(수도권 밖의 지역에 소재하는 주택의 경우에는 3억 원) 이하인 주택

1주택과 대통령령으로 정하는 지방 저가 주택 1채를 함께 소유하고 있는 경우

☐ 공시가격이 3억 원 이하일 것

☐ 다음 각 목의 어느 하나에 해당하는 지역에 소재하는 주택일 것: ㉠ 수도권 밖의 지역 중 광역시 및 특별자치시가 아닌 지역 ㉡ 수도권 밖의 지역 중 광역시에 소속된 군 ㉢ 세종특별자치시 설치 등에 관한 특별법 제6조 제3항에 따른 읍·면 ㉣ 서울특별시를 제외한 수도권 중 국가균형발전 특별법, 접경지역지원특별법에 따른 지역으로 기획재정부령으로 정하는 지역 (연천군, 강화군, 옹진군)

⑮ 소득세(주택임대소득)

원칙적으로 1억 원 이하라도 주택 수에 포함된다. 2023년 12월 31일까지는 전용면적 40㎡ 이하이면서 기준시가 2억 원 이하 주택은 간주 임대료 판정 시 주택 수에서 제외한 바 있다.

정권에 따른 세금

진보정권이냐, 보수정권이냐에 따른 세금 변화가 있다.

평등한 복지 정책을 추구하는 진보정권은 복지를 위해 세금이 많이 필요하다.

따라서 각종 세금이 올라가고, 없던 세금이 신설된다. 부동산 가격을 잡기 위해 규제 정책을 펴게 되고, 공급이 줄게 되어 아파트 가격이 상승한다.

반면에 성장 정책과 기업 친화적인 보수정권은 기업과 국민 세금을 줄이거나 폐지한다. 부동산 규제를 풀고 자유 시장 원리로 아파트 가격이 안정된다.

지난 정권의 이러한 세금 정책은 진보냐, 보수냐에 따라 많은 차이가 있었다. 앞으로 정권은 계속해서 바뀌는 것인데 이러한 점들을 상기해서 대응을 해야 한다.

⑯ 양도소득세

기준시가(주택 공시가격) 1억 원 이하 주택의 주택 수 포함 여부에 따른 양도소득세는 다음과 같다.

기준시가(주택 공시가격) 1억 원 이하 주택(주택 수 포함 여부)			
구분		주택 수 포함	주택 수 미포함
양도 소득세	양도세 비과세	비과세 (양도세 비과세 판정 시 보유 주택 수 포함)	
		1세대 1주택의 특례, 조특법상 특례주택, 농어촌주택 등에 해당되는 경우 외에는 주택 수 포함	
	양도세 중과세 (2주택 +20%p)	기타지역 외 지역은 보유 주택 수에 포함	- 기타지역은 보유 주택 수 미포함 - 양도 당시 기준시가 1억 원 이하 주택 양도세 중과하지 않음

	양도세 중과세 (2주택 +20%p)	도정법에 따른 정비구역으로 지정 고시된 지역 또는 소규모 주택정비법에 따른 사업시행구역에 소재하는 주택은 양도 당시 기준시가 1억 원 이하 주택이라도 해당 주택 양도세 중과 대상이 된다.	
양도 소득세	양도세 중과세 (3주택 +30%p)	- 기타지역 외 지역은 보유 주택 수 포함 - 기타지역 외 지역은 해당 주택 양도 시 양도세 중과됨	기타지역은 주택 수 미포함

양도세 비과세

□ 1억 원 이하라도 양도세 비과세 판정 시 보유 주택 수 포함

□ 1세대 1주택의 특례, 조, 특, 법상 특례주택, 농어촌주택 등에 해당되는 경우 외에는 주택 수에 포함된다.

양도세 중과세(2주택+20%p)

□ 기타지역 외 지역은 보유 주택 수 포함된다(기타지역 외 지역은 해당 주택 양도 시 양도세 중과).

□ 기타지역은 보유 주택 수 포함되지 않는다.

	양도소득세 중과 대상 보유 주택 수 판정 기준	
①	서울, 경기도(읍·면 지역 제외) 광역시(군 지역 제외)	모든 주택
②	세종특별자치시(읍·면 지역 제외)	모든 주택
③	기타지역 - 광역시 군 지역 - (세종시, 경기도) 읍·면 지역 - 기타 도 지역	기준시가(주택 공시가격) 기준으로 해당 주택 또는 다른 주택의 양도 당시 3억 원을 초과하는 주택

요건 충족한 주택은 양도세 추가세율(중과) 대상 보유 주택 수에 포함
- 조정대상지역에 위치한 주택을 매도 시 양도세 추가세율 적용
- 2주택(+20%p), 3주택 이상(+30%p)

양도세 중과세(3주택 이상+30%p)

□ 기타지역 외 지역은 보유 주택 수 포함(기타지역 외 지역은 해당

주택 양도 시 양도세 중과)

기타지역은 보유 주택 수 포함되지 않음

공시가격 2억 원 이하의 주택

기준시가(주택 공시가격) 2억 원 이하 주택(주택 수 제외 여부)		
구분	주택 수 포함	주택 수 미포함
취득세	- 다른 주택 취득 시 보유 중인 기준시가 1억 원 초과 ~ 2억 원 이하 주택은 주택 수 포함 - 기준시가 1억 원 초과 ~ 2억 원 이하 주택 취득 시 취득세 중과 대상이 됨	- 다른 주택 취득 시 보유 중인 기준시가 1억 원 이하 주택은 주택 수 미포함 - 기준시가 1억 원 이하 주택 취득 시 취득세 중과 대상이 아님
	시가표준액 1억 원 이하 주택이라도 주택 수에 포함되고, 취득 시 중과 대상이 되는 지역 요건은 기준시가 1억 원 이하 주택 요건과 동일	
종합 부동산세	원칙은 주택 수 포함(종부세 대상, 주택 공시가격 합산)	
	- 종부세 합산배제 요건을 갖춘 임대주택, 사원용 주택은 주택 수 미포함 - 1세대 1주택 판정 시 다음의 경우 주택 수 미포함 　㉠ 일시적 2주택의 신규 주택(신규 주택 취득한 날부터 3년 이내 종전 주택 양도) 　㉡ 1주택과 상속받은 주택 보유 시 상속주택(세부요건 생략) 　㉢ 1주택과 지방 저가 주택 1채 보유 시 지방 저가 주택(세부요건 생략)	
소득세	주택 수 포함. 다만, 전용면적 40㎡ 이하이면서 기준시가 2억 원 이하 주택	

구분		주택 수 포함	주택 수 미포함
양도 소득세	양도세 비과세	포함 (양도세 비과세 판정 시 보유 주택 수 포함)	
		1세대 1주택의 특례, 조특법상 특례주택, 농어촌주택 등에 해당되는 경우 외에는 주택 수 포함	
	양도세 중과세 (2주택 +20%p)	기타지역 외 지역은 보유 주택 수에 포함	- 기타지역은 보유 주택 수 미포함 - 양도 당시 기준시가 1억 원 이하 주택 양도세 중과하지 않음
		도정법에 따른 정비구역으로 지정 고시된 지역 또는 소규모 주택정비법에 따른 사업시행구역에 소재하는 주택은 양도 당시 기준시가 1억 원 이하 주택이라도 해당 주택 양도세 중과 대상이 된다.	
	양도세 중과세 (3주택 +30%p)	- 기타지역 외 지역은 보유 주택 수 포함 - 기타지역 외 지역은 해당 주택 양도 시 양도세 중과됨.	기타지역은 주택 수 미포함

공시가격 3억 원 이하의 주택

기준시가 (주택 공시가격) 3억 원 이하 주택 (주택 수 제외 여부)		
구분	주택 수 포함	주택 수 미포함
취득세	- 다른 주택 취득 시 보유 중인 기준시가 1억 원 초과 ~ 3억 원 이하 주택은 주택 수 포함 - 기준시가 1억 원 초과 ~ 3억 원 이하 주택 취득 시 취득세 중과 대상이 됨	- 다른 주택 취득 시 보유 중인 기준시가 1억 원 이하 주택은 주택 수 미포함 - 기준시가 1억 원 이하 주택 취득 시 취득세 중과 대상이 아님
	시가표준액 1억 원 이하 주택이라도 주택 수에 포함되고, 취득 시 중과 대상이 되는 지역 요건은 기준시가 1억 원 이하 주택 요건과 동일	

종합 부동산세	원칙은 주택 수 포함(종부세 대상, 주택 공시가격 합산)
	- 종부세 합산배제 요건을 갖춘 임대주택, 사원용 주택은 주택 수 미포함 - 1세대 1주택 판정 시 다음의 경우 주택 수 미포함 　㉠ 일시적 2주택의 신규 주택(신규 주택 취득한 날부터 3년 이내 종전 주택 양도) 　㉡ 1주택과 상속받은 주택 보유 시 상속주택(세부요건 생략) 　㉢ 1주택과 지방 저가 주택 1채 보유 시 지방 저가 주택(세부요건 생략)
소득세	주택 수 포함. 다만, 전용면적 40㎡ 이하이면서 기준시가 2억 원 이하 주택

구분		주택 수 포함	주택 수 미포함
양도 소득세	양도세 비과세	포함 (양도세 비과세 판정 시 보유 주택 수 포함)	
		1세대 1주택의 특례, 조특법상 특례주택, 농어촌주택 등에 해당되는 경우 외에는 주택 수 포함	
	양도세 중과세 (2주택 +20%p)	기타지역 외 지역은 보유 주택 수에 포함	- 기타지역은 보유 주택 수 미포함 - 양도 당시 기준시가 1억 원 이하 주택 양도세 중과하지 않음
		도정법에 따른 정비구역으로 지정 고시된 지역 또는 소규모 주택정비법에 따른 사업시행구역에 소재하는 주택은 양도 당시 기준시가 1억 원 이하 주택이라도 해당 주택 양도세 중과 대상이 된다.	
	양도세 중과세 (3주택 +30%p)	- 기타지역 외 지역은 보유 주택 수 포함 - 기타지역 외 지역은 해당 주택 양도 시 양도세 중과됨	기타지역은 주택 수 미포함

(7) 주택가격 상승 요인

① 주택 공급량이 줄어들면 주택가격은 상승한다(정부 정책)

　고금리가 지속되면 건설 수주가 급감하고 2~3년 후 공급 대란이 온다.

② 주택 수요량이 늘어나면 주택가격은 상승한다(핵가족, 인구)

　서울, 경기의 인구수는 2,300만 명으로 우리나라는 인구가 수도권에 집중되어 있다. 그것은 사람들이 직장과 사업을 하기 좋은 곳으로 몰리기 때문이다. 그러므로 수도권의 주거 문제는 핵심이다.

③ 총 통화량(M1, M2)이 늘면 주택가격은 상승한다(시중자금)

　총 통화량은 지속해서 증가하고, 주택가격도 총 통화량에 비례해서 상승한다.

통화량이란?		
M1 통화량	협의의 통화로 현금과 요구불예금, 수시입출식 저축성예금 등	
M2 통화량	광의의 통화로 기존 M1 + 정기예적금, 부금, CD, RP, 표지어음, 금융채, 각종 발행어음	

④ 물가지수 상승

물가지수 상승에 따라 주택가격도 상승한다(인플레이션).

⑤ 지속적인 경제성장률

지속적인 경제성장은 주택가격을 상승시킨다(고도성장). 경기가 좋아야 가계소득이 늘어나 집을 사고, 대출과 이자를 갚을 수 있다.

⑥ 금리가 떨어지면 주택가격은 상승한다(대출이자 하향).

일반적으로 금리가 떨어지면 주택가격도 오른다. 왜냐면 금리가 낮으면 대출이자가 낮아져 집을 구입하기가 수월해지기 때문이다. 그러나 우리나라의 경우 금리와 집값 상승률이 같은 방향으로 움직이고 있다. 이것은 집값을 결정하는 요인이 금리와 다른 경기에 있기 때문이다.

경기가 좋아야 가계소득이 늘어나고 집을 살 여력이 생긴다. 일본은 30년 침체를 벗어나 요즘 경기가 살아나면서 주가와 땅값이 살아나고 있다.

또한 금리가 낮으면 낮을수록 경제성장률이 더 떨어지고 국민경제의 고용 창출도 저하되고, 가계소득도 줄어들게 된다.

⑦ 건축 공사비와 토지비의 상승

건축 공사비(인건비, 자재비)와 토지비의 매년 상승은 분양가를 올리고, 아파트 실거래 가격을 상승시킨다.

전국 아파트의 3.3㎡당 평균 분양가는 현재 1,755만 원으로 2014년(938만 원)과 비교해 10년 새 1.87배 올랐다. 아파트 분양가는 매년 큰 폭으로 오르고, 저축 이자율보다 2배 이상 높으므로 레버리지를 이용한 조기 마련이 중요하다.

⑧ 아파트분양전망지수 추이

분양가격 상승 요인으로는 2가지를 봐야 한다.

□ 시멘트 가격 상승 예고 등 연이은 건설 원가 상승

□ 제로에너지건축물 인증 의무화

즉, 분양가격은 향후 계속 상승할 것으로 보이며, 신축의 가격이 비싸지게 된다.

□ 비싸도 입지가 좋은 곳(수요가 증가하는 곳)은 채워지고

□ 분양가격이 비싸고 입지가 좋지 않은 곳은 미분양이 발생할 것이고

□ 입지가 좋지 않은 땅은 분양을 연기하기도 할 것이고

□ 신축 분양가 대비 가격이 상대적으로 저렴하다고 판단되는 단지를 살피는 사람도 있고

□ 신축에 들어가지 못하는 사람은 눈높이를 낮춰서 구축을 살피기도 할 것

⑨ 전국 주택건설실적(국토교통부)

전국 주택 착공·인허가·준공 실적이 모두 감소하며 공급난 우려가 커지고 있다.

□ 전국 주택 인허가 물량이 25만 6천 가구로 조사가 되었는데

전년 대비 32.7% 감소한 수치다.

□ 주택 착공 물량은 2023년 누계 기준 12만 5,862가구, 준공 물량은 25만 1,417가구다. 1년 전보다 각각 57.2%, 12.5% 줄었다.

□ 분양(승인) 실적도 줄었다. 2023년 1~9월 전국 공동주택 분양은 10만 8,710가구로 1년 전보다 42.2% 감소했다.

(8) 어느 아파트의 노년기(서울 압구정 현대3차아파트)

□ 1976년 준공, 입주(46년차 노후 아파트)

□ 분양 860세대(30평, 40평, 48평, 60평)

□ 30평 분양가: 865만 원

□ 30평 현재가: 42억 원

□ 분양 당시 대기업 사원 월급: 13만 5천 원

□ 분양 당시 공무원 과장 월급: 7만 원

□ 2022년 대기업 사원 월급: 400만 원

□ 2022년 공무원 7급 월급: 300만 원

① 분양 당시의 분양가와 근로자 월급

    30평 아파트 분양가 865만 원은 분양 당시 대기업 월급으로 64개월분에 해당된다(5.3년). 당시에 분양가도 월급 생활자에게는 상당히 큰 금액이었다. 현재 실거래가 42억 원은 현재 대기업 월급으로 1,050개월분에 해당된다(87.5년). 현재가는 분양가의 485.5배다.

    50년 전에 국민평형 서울 아파트 분양가와 현재의 분양가는 비교를 할 수 없도록 상승이 되었는데, 화폐가치도 다르고 예나 지금이나 서울에서 아파트 분양을 받는 것은 성공한 케이스인 것 같다. 현재 아파트 매매가는 저축만으로는 어려워 보이고 레버리지를 활용해야 한다.

레버리지 [leverage]
기업 등이 차입금 등 타인의 자본을 지렛대처럼 이용하여 자기 자본의 이익률을 높임

+

---

② 압구정 현대아파트 실거래가

    현재 재건축 추진 중이며 몇 년 사이에 가격이 가파르게 상승하

였다. 한강을 끼고 입지와 환경이 우수하다. 재건축이 초과이익환수 부담금으로 속도를 내지 못하였으나, 정부의 완화 정책으로 탄력을 받을 것으로 예상된다.

③ 압구정의 뜻과 개발계획

칠삭둥이이자 계유정난의 책사로 수양대군을 왕으로 권신이 되고, 예종과 성종의 장인이 되었던 한명회가 머물던 곳이다(연산군 때 부관참시).

'부귀와 공명 다 버리고, 해오라기와 벗하며 지내는 정자'라는 뜻으로, 한명회의 호 압구(狎鷗)에서 유래했다.

1977년 주택청약제도가 도입되면서 1978년 압구정 현대아파트가 분양이 되었다. 1970년대 영동지구 부동산 투기는 국가 권력에 한정되지 않고 기업가, 고위 관료나 공무원, 개발업자와 건설사 임직원 등 서로 다른 사회 구성원들도 너 나 할 것 없이 부동산 투기에 달려들었다. 사전에 정보를 접한 이들은 부동산을 통해 막대한 차익을 벌었다.

이 시기에 등장한 신조어 중 '복부인'이라는 말이 있다. 본인의 체면을 생각해 투기에 전면적으로 나설 수 없던 고위직들은 부인과 딸을 앞세워 부동산 투기를 하였다. 분양 당시에 압구정 현대아파트는 고위공직자나 국회의원, 현대그룹 관계자에게 몰래 빼돌려 특혜 분양을 하였다.

1970년대에는 산아제한 정책의 일환으로 정관수술을 한 사람에게 청약 우선권을 주었는데 아파트 당첨을 위해 정관수술까지 불사하는 사람들이 속출했다. 이러한 이유로 반포주공아파트는 한때 내시촌으로 불리기도 했다.

9. 개인, 매매사업자, 법인 세금 비교

구분	개인	매매사업자	법인
취득세	주택 수 및 조정지역 여부에 따라 1~2%		12%
공시가격 1억 원 미만 주택 취득세 (정비구역 예외)	1~3%		
양도세 (비조정지역, 중과제외주택)	- 1년 이내 매도 70% - 2년 이내 매도 60% - 2년 이상 일반세율 6~45%	양도세율 6~45%	- 양도세 × - 법인세 ○ - 2억 원 미만 9% - 200억 원 미만 19%
양도세 (조정지역, 중과주택)	- 1년 이내 매도 70% - 2년 이내 매도 60% - 2년 이상 일반세율 6~45%+중과세 20~30%		- 비사업용토지, 주택 추가 과세 20%
종합소득세	근로, 사업, 연금, 임대, 이자 등 모든 소득 합산	기존 양도세 예정 신고 때 낸 세금과 비교 후 환급 또는 추가 납부	해당없음 (급여 수령 시 발생 가능)
종합부동산세	- 2주택 이하 0.5~2.7% - 3주택 이상 0.5~5%(12억 원 이하 0.5~1%) - 1주택자 12억 원, 다주택자 9억 원 공제		- 2주택 이하 2.7% - 3주택 이상 5% - 공제금액 없음
대출	개인의 DSR, LTV에 따라 대출		- 주택대출 불가 - 상업용 부동산 가액의 70~80% 대출 가능

10. 부동산 매매사업자

(1) 부동산 매매사업자의 정의

　개인과 매매사업자의 재테크로 비조정지역 소형 아파트를 단기에 매매하고자 할 때 개인은 60~70%의 양도세를 지불해야 하는 반면에 매매사업자는 6~45%의 사업소득 적용을 받으므로 상당히 이익이다. 따라서 단기수익을 목적으로 한다면 부동산 매매사업자 등록을 해야 한다. 국세청 업종분류는 아래와 같다.

	부동산 개발 및 공급업	주거용 건물 개발 및 공급업
703011 703011	- 직접 건설 활동을 수행하지 않고 전체 건물 건설 공사를 일괄 도급하여 주거용 건물을 건설하고, 이를 분양·판매하는 산업 활동을 말한다. 구입한 주거용 건물을 재판매하는 경우도 포함한다(토지 보유 5년 미만). - 제외: 토지 보유 5년 이상(703012)	

	부동산 개발 및 공급업	주거용 건물 개발 및 공급업
703012 703012	- 주거용 건물 매매업(토지 보유 5년 이상) - 구입한 주거용 건물 재판매 - 제외: 토지 보유 5년 미만(703011)	

세법상에서, 1과세기간(1~6월, 7~12월)에 1회 이상 취득하고, 2회 이상 판매하는 경우를 부동산 매매업의 정의로 하였었으나, 2019년도에 폐지되었다.

매매업이면 주택을 팔았을 때의 차익은 사업소득에 해당하고, 매매업이 아닐 경우 양도세에 해당하게 된다. 사업소득에 해당하는 경우, 양도세가 아닌 종합소득세가 과세된다.

(2) 매매사업자의 장단점

① 장점

양도세 절세

양도세 절세가 가능하다. 매매사업자의 가장 큰 장점은 2년 내 단기 매매를 할 때, 양도세를 절세할 수 있다는 점이다.

일반 개인으로 구매하였을 때, 양도소득세는 다음과 같다.

부동산, 부동산에 관한 권리, 기타자산 (소득세법104①1·2·3·4·8·9·10·④3·4·⑤⑦)								
자산	구분		2009. 3. 16. ~2013. 12. 3.	2014. 1. 1. ~2017. 12. 31.	2018. 1. 1. ~2018. 3. 31.	2018. 4. 1. ~2021. 5. 31.	2021. 6. 1. ~2022. 5. 9.	2022. 5. 10. ~2024. 5. 9.
토지 건물, 부동산에 관한 권리	보유 기간	1년 미만	50%	50%[1] (40%)[2]			50%[1] (70%)[2]	
		2년 미만	40%	40%[1] (기본세율)[2]			40%[1] (60%)[2]	
		2년 이상	기본세율					
	분양권		기본세율		기본세율 (조정대상지역 내 50%)		60% (70%)	
	1세대 2주택 이상 (1주택과 1조합원 입주권, 분양권 포함)인 경우의 주택		기본세율 (2년 미만 단기 양도 시 해당 단기 양도세율 적용)		보유 기간별 세율 (조정대상지역 기본세율 +10%p)		보유 기간별 세율 (조정대상지역 기본세율 +20%p)	기본 세율
	1세대 3주택 이상 (주택+조합원 입주권+분양권 합이 3 이상 포함)인 경우의 주택		보유 기간 세율 (조정대상지역 기본세율+10%p)[2]		보유 기간별 세율 (조정대상지역 기본세율 +20%p)		보유 기간별 세율 (조정대상지역 기본세율 +30%p)	
	비사업용 토지		보유 기간 세율 (단, 지정 지역 기본세율+10%p)[2]					
	미등기 양도자산		70%					

[1] 2 이상의 세율에 해당하는 때에는 각각의 산출세액 중 큰 것 (예: 기본세율+10%와 50% 경합 시 큰 세액 적용)
[2] 주택(이에 딸린 토지 포함) 및 조합원 입주권을 양도하는 경우

주택을 양도하는 경우이므로 2)의 내용에 해당된다. 표에 따르면 1년 안에 단기 양도 시에는 70%, 2년 안에 양도 시에는 60%의 세율이 적용된다. (경비를 제외한) 차익이 기준이 되기 때문에 차익 금액이 크다면 30% 금액도 커져서 이득이 될 수 있겠으나, 소형 아파트 등에서는 차익이 정말 작아진다.

하지만, 매매사업자로 단기 양도를 하게 되면 양도세가 아닌 사업자로 사업소득을 얻는 것이기 때문에, 양도세가 아닌 종합소득세 세율이 적용된다.

종합소득세 세율		
종합소득세율	세율	누진공제
1,200만 원 이하	6%	-
1,200만 원 초과 ~ 4,600만 원 이하	15%	108만 원
4,600만 원 초과 ~ 8,800만 원 이하	24%	522만 원
8,800만 원 초과 ~ 1억 5,000만 원 이하	35%	1,490만 원
1억 5,000만 원 초과 ~ 3억 원 이하	38%	1,940만 원
3억 원 초과 ~ 5억 원 이하	40%	2,540만 원
5억 원 초과 ~ 10억 원 이하	42%	3,540만 원
10억 원 초과	45%	6,540만 원

종합소득세 세율은 6~45% 사이에서 부과되기 때문에, 2년 내 양도세 세율에 비하면 가장 큰 세율로 계산해도 더 이득이 되는 것이다.

경비처리 범위 넓음

매매사업자로 거래를 하며 수익을 내기 위해 지출하는 지출들은 모두 과세표준에서 경비로서 공제된다. 집의 기본적인 기능을 유지하고, 집의 내용연수를 증가시키고 가치를 증가시키는 설비에 지출되는 비용은 자산으로 보아 자본적 지출로 분류된다. 자본적 지출에는 섀시 교체 비용, 배관 교체 비용, 전기 및 수도 공사 비용, 발코니 확장 등 개조 비용 등이 있다. 이 비용은 개인적으로 양도를 할 때에도 공제될 수 있는 부분이다.

하지만 매매사업자는 주택을 상품으로 보기 때문에 상품을 판매하기 위해 지출된 비용까지 경비로 인정된다. 물론 앞서 기재한 자본적 지출도 포함된다. 수익적 지출로는 도배 및 장판 비용, 싱크대 교체 비용, 화장실 리모델링 비용 등까지 상품화를 위한 비용이기 때문에 경비로 인정되어 과세표준에서 공제 처리할 수 있다. 이뿐만 아니라 사업과 관련하여 지출된 인건비, 건강보험, 교통비 등 영업과 관련된 비용이면 공제 가능하다.

② 단점

85㎡ 초과 주택 거래 어려움

국민평수인 85㎡ 초과 주택에 대해서는 부가가치세가 부과된다. 보통 주택을 매도할 때 부가가치세가 부과되더라도, 이를 가격에 반영해서 판매하기란 어렵다.

보통 아파트 매수자들은 시세에 거래를 하기 때문에, 매도하는 입장에서는 시세에서 부가가치세만큼 손해를 보고 매도해야 한다. 따라서 소형 아파트를 거래해야 한다.

사업을 영위하기 위한 각종 비용

근로소득을 포함한 다른 소득이 있다면, 모두 합산한 금액이 과세표준이 된다. 소득구간별로 세율이 높아지기 때문에 근로소득이 높은 상황이라면 단점이 될 수 있다.

근로소득 외 수입이 2,000만 원을 넘으면 소득월액보험료를 추가로 납부하여야 한다. 관리비용(장부작성 등)이 추가된다.

(3) 주택 취득세

주택 취득세				
구분	과세표준	취득세	지방교육세	합계
기본세율	6억 이하	1.0%	0.1%	1.1%
	6억 초과~9억	1.0~3.0%	0.1~0.3%	1.1~3.3%
	9억 초과	3.0%	0.3%	3.3%
중과세율	조정지역(2주택)	8.0%	0.4%	8.4%
	조정지역(3주택 이상)	12.0%	0.4%	12.4%
	비조정지역(3주택)	8.0%	0.4%	8.4%
	비조정지역(4주택 이상)	12.0%	0.4%	12.4%

주택 취득세의 체계는 개인과 매매사업자가 동일하다.

(4) 주택 보유세

주택 보유세는 보통 재산세와 종합부동산세를 말한다. 보유세도 개인과 동일한 세금 체계를 가지고 있다.

재산세는 매년 6월 1일 기준으로 부과되기 때문에 5월 말까지 처분을 한다면 해당 주택에 대해서는 과세되지 않는다(절세 포인트).

과세표준	기본세율	9억 원 이하 1세대 1주택	비고
6천만 원 이하	0.10%	0.05%	
6천만 원 초과 ~ 1억 5천만 원	6만 원 + 6천만 원 초과 금액의 0.15%	3만 원 + 6천만 원 초과 금액의 0.1%	- 지방교육세, 재산세 20%
1억 5천만 원 초과 ~ 3억 원	19만 5천 원 + 1억 5천만 원 초과 금액의 0.25%	12만 원 + 1억 5천만 원 초과 금액의 0.2%	- 도시지역분과세 표준 0.14% - 지역지원시설세 추가
3억 원 초과	57만 원 + 3억 원 초과 금액의 0.4%	42만 원 + 3억 원 초과 금액의 0.35%	

종합부동산세도 마찬가지로 6월 1일 기준으로 보유한 주택이 과세 대상이 되며, 국내에 소유한 부동산 공시가격의 합계액이 9억

원(1주택일 경우 12억 원 이상)인 경우 과세가 된다.

> 본인이 거주하는 아파트(주택)의 공시가격과 실거래 가격이 높다면 좋을 것이다. 거주 환경 조건이 우수하기 때문에 가격이 높은 것은 사실이다.
> 그러나 재산세와 종합부동산세를 많이 낼 때는 좋지 않다. 주택가격으로만 재산세를 물리다 보니 소득이 적거나 없는 노령자는 궁핍하다.
> 물론, 아파트 가격이 낮은 곳으로 이사를 가면 되는데 굳이 그곳에서 사는 것은 문제라고 대부분 일축한다. 그러나 그들에게도 그곳에 사는 이유가 분명하게 있을 것이다.
> 따라서 재산세와 종합부동산세를 OECD에 비해 높게 올리는 것은 국민의 삶의 질 향상에 타당하지 않은 것 같다.

11. 부동산 법인사업자

(1) 부동산 법인사업자의 정의

부동산 법인은 개인명의와는 별개로 '법인사업자'라는 명의가 생긴다. 현행법으로는 법인을 독립된 하나의 인격(법인격)으로 취급하는 것이다. 즉, 내가 지분 100%를 투자해 만들고 성장시켰어도 법인은 나와는 분리된 개별 인격체이고, 법인으로 번 돈은 내 돈이 아니고 법인의 돈이 된다. 법인을 통해 번 돈을 내 돈으로 만들자면, 나는 법인에게서 합법적인 방법으로 지급을 받을 방법을 구상해야 한다.

(2) 법인사업자의 장단점

① 장점

수익 시 적은 세금, 긴 납부 기한

□ 개인 양도소득세: 2년 이상 보유 시 6~45%, 단기 보유 시 60~70%, 양도월 말일 2개월까지

□ 법인 법인세: 사업연도 소득 기준으로 9~24%, 중과 없음, 수익 해의 다음 해 3월 말까지

수익 시 넓은 비용처리 범위

□ 개인 양도세: 취등록세, 법무사비, 중개수수료, 부동산 가치 상승 비용(리모델링, 확장, 섀시 교체, 보일러 교체, 배관 교체 등)

□ 법인 법인세: 직원 인건비 및 복리후생비, 차량유지비, 주유, 톨비, 숙박비, 식대, 음료, 경조사비, 사무실기장료, 법무사수수료, 중개수수료, 접대비, 교통비, 도서 구입 및 인쇄비, 교육훈련비, 세금(재산세, 종부세), 인테리어 공사비

개인 투자와 별개라 개인 '비과세' 병행 가능

대출이 개인보다 자유로움

DSR 규제로 대출이 제한된 경우 유리하다.

② 단점

고정지출

□ 사무실 임대료

□ 세무사 기장수수료, 법인세 신고수수료(단, 법인세 비용공제 가능)

임차인이 법인 임대인을 기피

□ 빌라왕 등으로 전세 세입자들이 투자자 임대인 기피

□ 다만, 보증보험 등으로 방어 가능

자본은 일정 목적으로만 사용 가능

□ 급여, 배당

1년간 사건 기록 및 증빙 제출

□ 재무상태표, 손익계산서 등의 작성

토지거래허가구역 매수 불가

□ 대지지분 5.4평 이상 주거용 부동산

공시지가 1억 원 초과 주택 취득세 큼

□ 농특세, 지방교육세까지 포함하면 13.4%

종부세 부담이 개인보다 큼

□ 개인에게 적용하는 공제 혜택 적용 불가

임대소득 법인세 포함됨

기존 직장이 겸직 불가인 경우 설립 불가

부동산투자 시 개인 vs 법인			
구분	개인	법인	참고 사항
법인세, 소득세	6~45%	9~24%	법인세가 소득세보다 낮은 세율 적용
양도소득세	6~45% 단기 매도 시 중과세	양도세 없음	토지 등 양도소득에 따른 추가 법인세(20%)
종합부동산세	기본공제 및 1주택자 공제	매우 불리	법인은 기본공제 없음
취득세	유리	불리	법인은 공시가격 1억 원 초과 주택 취득세 12%
대출	DSR 적용	DSR 미적용	법인은 DSR 규제 없으나 대출과 실적이 연동됨
주택투자 (단기)	고가 유리 (비과세 기회)	저가 유리 (공시가격 1억 원 미만)	법인은 비과세 혜택 일절 없음

| 비주택투자
(상가, 공장 등) | 불리 | 유리 | 법인은 실적 근거로 추가 대출 가능 |
| 장기 보유 | 유리 | 불리 | 개인은 장기 보유 특별공제 적용 가능 |

(3) 법인 활용법

☐ 개인명의로 비과세 지키는 투자 및 법인으로 공시지가 1억 원 이하, 85㎡ 이하 소규모주택 대상 단기로 불리는 투자

☐ 2주택 이상 단기 투자

☐ 부동산 대출을 활용한 상가 등 상업용 부동산투자

☐ 비거주용 부동산의 경공매 낙찰을 통한 투자

☐ DSR 예외인 기업 대출 활용한 대규모 상업용 부동산투자

☐ 개인소득이 높은 경우(임대소득 등이 개인소득과 분리)

☐ 단기로 확실하고, 저렴하다면 1억 원 이상도 고려

☐ 법인 설립 후 5년 이내 과밀억제권역 부동산 취득 시 취득세 중과되므로 주의

(4) 1인 법인 설립법

설립 요건 결정

☐ 상호(중복 불가, 너무 투자 느낌이 나면 기피됨)

☐ 사업목적(업종에 따라 자본금, 자격 다르므로 확인)

☐ 사무실(1인은 집에서 운영 가능, 단 세무서에 문의 필수)

☐ 최저 자본금 준비(자본금+등록면허세+지방교육세)

정관서류 작성

☐ 전자공시시스템의 기존 회사 정관 참고

잔고증명서 발급

법인설립등기 신청

☐ 세무서, 인터넷 등기소

사업자등록 신청

☐ 세무서, 홈택스

12. 토지(땅)투자

(1) 매도가 잘되는 토지의 조건

☐ 2차선 도로변 토지여야 한다.

☐ 용도지역은 자연녹지, 계획관리 지역이어야 한다.

☐ 도로법 적용이 없어야 한다.

☐ 면적이 작아서 개발 기간이 짧을수록 좋다

☐ 지목은 임야보다 농지가 대출을 더 많이 받을 수 있다.

☐ 토목 공사의 양이 거의 없는 지목 田인 부지가 최상이다.

☐ 분할해서 작은 평수로 만들 수 있는 모양이어야 한다.

☐ 개발할 수 있는 땅이 아니라 개발이 쉬운 땅을 매입한다.

(2) 토지 매입 시 유의 사항

개발행위허가 조건 시 명시해야 하는 특약 사항

꼭 개발행위허가 조건이라고 써야 한다. 개발행위허가 종류에 대해서도 구체적으로 적는 것이 좋다.

예를 들어 내 생각에는 공장으로 허가를 받는 조건이라고 생각하고 허가를 진행했는데 실제로는 도로 폭이 넓지 않아 허가를 받지 못할 수 있으므로 매도인에게 기지급한 계약금이 문제가 될 수 있다. 만약 허가를 받지 못할 경우에는 불허가 통보를 받은 날로부터 보름 안에 매도인은 기지급받은 계약금을 즉시 반환하기로 특약을 해야 한다.

중도금은 넣지 않는다.

중도금은 소유권이 동시에 바뀌는 것이 아니어서 대출 시 토지 주인의 담보 제공이 있어야 하기 때문이다.

만약 개발행위허가를 받지 못할 경우에는 계약을 무효로 해야 하는데 중도금이 넘어간 상황이라면 소송을 해야 하기 때문에 필요 없는 비용이 들어간다.

계약금 지불 시 매도인에게 인허가 서류를 모두 받는다.

산을 매입할 경우 평당 가격을 꼭 적는다.

잔금일은 적지 않고 특약 사항으로 명시한다.

'잔금은 개발행위허가를 받고 보름 안에 지급하기로 한다'와 같이 기입한다.

(3) 법인으로 농지 취득하는 법

농사를 짓기 위해 농지를 취득하는 것이 아니라 건물을 지어서 임대사업을 하겠다고 신고하는 것인데 개발행위허가증을 관청에 제출하면 된다. 계약금 지불 후 매수자의 이름으로 개발행위허가를 받고 농지를 취득하기 위해 매도인의 토지사용승낙서를 받으면 매수자 이름으로 개발행위허가를 신청할 수 있다.

한 달 내지 한 달 반 후 개발행위허가증을 수령하면 허가증을 첨부하여 사용 목적을 사업용으로 해서 농지취득자격증명을 받을 수 있다.

(4) 비사업용토지 중과세를 피하는 법

원형지 토지 위에 개발행위허가를 받아 건물을 지으면 토지 지목은 대지로 변경된다. 대지를 사업용과 비사업용으로 구분하는 기준은 건물이 있느냐다. 단, 토지 전체가 사업용으로 인정받기 위해서는 일정 면적 이상의 건물이 있어야 한다. 최소한의 비용으로 건물을 대강 지어서 대지로 만들면 매수자 입장에서 대출도 많이 받을 수 있어 여러모로 좋다.

(5) 돈을 버는 투자 시스템

- □ 토지시장은 블루 오션 시장이다.
- □ 원형지를 매입하여 부지로 만들어 판다.
- □ 비싼 땅을 더 비싸게 판다.
- □ 내가 사고 싶은 땅은 남도 사고 싶어 한다.
- □ 원석을 찾아 보석으로 만든 뒤 매도한다.
- □ 토지를 매입할 때는 매도할 때를 생각한다.
- □ 세금에 대한 전략을 세운다.
- □ 2차선 도로변 토목 공사 완료된 200평의 부지로 승부한다.

(6) 투자하면 안 되는 땅

과밀억제권역, 개발제한구역, 성장관리권역 등은 '토지이음' 사이트에서 주소지를 치면 간단히 확인할 수 있다. 토지투자의 기본은 '토지이음' 사이트에서 토지이용계획을 반드시 확인하는 것이다.

투자하면 안 되는 땅	
개발제한구역	과밀억제권역 내(신축허가 제한)
	성장관리권역 내(소규모 건축허가 가능)
	자연보전권역 내(오폐수시설 설립 시 건축 가능)
비오톱	1등급: 개발 절대 불가(2~4등급 투자 가능)
기획부동산 토지 사례	배출시설 제한, 토석채취 제한 지역
	수변 지역, 특별대책 지역
	폐기물 처리구역
	군사구역
	소하천 예정지
	공원부지, 비오톱 1등급
	일부만 개발 가능 지역
	문화유적지
	전원개발사업지
	배수, 홍수관리 구역

참고로 비오톱은 그리스어로 생명을 의미하는 'bios'와 영역을 의미하는 'topos'가 결합된 용어로 생물의 분포도를 나타내는 용어다. 1등급부터 5등급까지로 나뉘며 생물의 분포도가 좋은 곳으로

보존해야 하기 때문에 개발이 절대 불가하다. 이 역시 '토지이음'의 토지이용계획을 통해 확인할 수 있다.

(7) 토지투자 원칙 10계명

① 해당 토지의 법적인 서류를 반드시 확인

☐ 토지등기부등본: 소유권 및 근저당 관계 확인

☐ 토지대장: 사실관계 확인

☐ 토지이용계획확인서: 토지의 용도, 지목 등 이력 확인

② 중요한 법적 규제를 검토

법적인 규제를 확인해야만 해당 토지가 개발이 될 수 있는 토지인지 알 수 있다.

☐ 자연환경보전지역(국토의 계획 및 이용에 관한 법률)

☐ 농업진흥지역(농지법)

□ 보전산지(산지관리법)

□ 상수원보호구역(수도법)

□ 수질오염 총량제 적용(한강수계 상수원수질개선 및 주민지원에관한
  법률)

□ 명승 및 천연기념물과 그 보호구역(문화재보호법)

□ 생태경관보전지역, 생태자연도 1등급 권역(자연환경보전법)

□ 자연공원 및 공원보호구역(자연공원법)

□ 야생생물특별보호구역(야생생물 보호 및 관리에 관한 법률)

□ 군사시설보호구역(군사시설보호법)

③ 토지의 현황을 확인(현장답사 필)

서류로 확인할 수 없는 부분은 현장답사를 통하여 아래 사항을
꼭 확인해야 나중에 낭패를 보지 않는다.

□ 계절별 분석

□ 도로 현황 분석

□ 조망권

□ 방위

□ 물리적 상황

□ 혐오시설 존재 여부

④ 토지를 매입하는 목적을 분명히 할 것

투자의 목적인지 실사용을 위한 건축행위가 목적인지 등에 따라
토지 권리분석이 달라질 수 있다.

☐ 순수한 투자 목적인지 여부
☐ 전원주택, 분양주택 건축, 주말농장 등
☐ 공장 또는 창고용지
☐ 상속 목적, 종중 땅(선산) 등

⑤ 주변의 개발 호재를 분석

정부 정책, 고속도로, 철도, 신규 국도, 산업단지, 신도시, 택지지
구 등 개발 호재를 종합적으로 분석한다.

☐ 수도권광역도시계획을 통하여 교통망을 분석한다.
☐ 수도권정비계획의 성장관리권역을 검토한다.
☐ 지역적 개발사업에 대한 정보를 입수한다.
☐ 정부 정책의 변화에 민감하게 대응한다.

⑥ 교통시설과의 접근성을 분석

☐ 신문 등 광고매체의 거리 정보를 신뢰해서는 안 된다.
☐ 전철과 도시철도는 구별하여야 한다.
☐ 도로 설치 예정이라는 정보를 100% 신뢰해서는 안 된다.

⑦ 살 때도 중요하지만, 처분할 때의 상황도 염두

개발로 인한 토지 보상 목표가격 달성 시, 보유 기간 등을 고려한다.

☐ 다른 사람도 매수하기를 원하는 토지인지 검토한다.
☐ 다른 사람이 매수하기를 원하는 토지로 개발할 수 있는지를 검토한다.
☐ 특정 용도로만 사용할 수 있는 토지는 매수 시 신중해야 한다.

⑧ 여유자금으로 투자하고, 분산투자

여유자금으로 투자하는 것을 원칙으로 하고, 대출을 활용할 경우는 대출 기간 동안의 원금과 이자 상환을 충분히 고려해야 한다.

□ 대출을 받는 자금으로 토지를 살 수는 있으나 적당한 선을 지킨다.

□ 환금성이 비교적 높은 토지에 투자하는 것이 자금 회전에 유리하다.

□ 개발 예정지의 소액지분투자(공유지분등기), 공동소유를 목적으로 한 공동등기는 피한다.

□ 한 곳에 '몰빵'하지 말고 여러 곳에 소액으로 분산투자를 한다.

⑨ 공시지가에 신경 쓰지 말 것

공시지가는 토지에 세금을 부과하는 기준이나 다름없다. 중요한 것은 실거래가 시세다.

□ 땅은 정말로 공시지가가 중요하지 않다. 거래가 빈번하지 않은 토지는 공시지가가 실거래 가격을 반영하지 못한다는 점에 유의한다.

□ 공시된 공시지가에 대해 이의신청을 하는 방법을 알아두어야 한다.

⑩ 토지 매도의 방법에도 전략이 필요

☐ 가격 협상의 전략을 준비해야 한다.

☐ 매도 타이밍을 잡아야 한다.

☐ 광범위한 범위의 매수인을 경쟁시킬 수 있어야 한다.

13. 토지투자의 7가지 원칙

(1) 개발 이슈가 있는 지역 선정

지역 선정을 잘 하기 위해서는 정부 정책에 관심을 가져야 한다. 국토교통부 홈페이지, 지자체 홈페이지 등을 통하여 정부에서 어느 지역에 어떤 개발사업을 하는지 미리 알아봐야 한다. 항상 관심 있는 지역의 지도를 가까이하면서, 개발 이슈가 있는 지역을 파악하는 힘을 키우는 것이 중요하다.

한 지역을 선정하였다면 그 지역의 지자체 홈페이지나 시, 군, 구청을 방문하여 해당 지역의 개발 호재가 어느 정도 진행되었는지 파악하는 것도 상당히 중요하다. 만약 개발 호재의 진행이 마무리 단계에 있다면 개발 호재가 토지 값에 이미 반영되어 있어, 토지투자를 하기에는 늦은 감이 있다.

또한, 지역 선정을 하였으면 반드시 현장답사를 해야 한다. 현장답사를 할 때는 해당 토지의 겉모습만 보지 말고, 토지를 어떻게 활용할 수 있는지 토지의 활용도를 꼭 확인해야 한다. 잘 모르면 해당 토지 주변의 어르신들이나, 농촌 지역이면 이장님들에게 정보를 구하는 것도 방법이 될 수 있다.

(2) 투자 금액 설정

투자 금액을 설정할 때에는 반드시 자신이 무리하지 않고 토지에 투자할 수 있는 금액을 설정해야 한다. 토지는 아파트 등 주택에 비해 환금성이 떨어지고, 장기간 투자를 해야 하기 때문에 무리하게 대출을 많이 받아 투자 금액이 커지면 차후 매도 시에 마음이 급해지게 되며, 또한 매수자의 범위가 줄어들게 된다. 이렇게 되면 제값에 매도하지 못하고 매수자도 쉽게 구할 수 없다. 개인적으로는 1억 원에서 2억 원 선이 투자 효율이 가장 높은 금액대라고 생각한다.

(3) 용도지역을 확실히 파악

토지투자 시에는 앞에서 언급했듯이 용도지역에 따라 활용도가 높은 토지를 선택해야 한다. 도시지역 내에서는 자연녹지지역, 비도시지역에서는 계획관리지역에 투자하는 것을 추천한다. 도시지역 내 주거, 상업, 공업 지역은 이미 땅값이 오를 대로 올라서 더이상 투자로서의 매력이 없는 지역이다.

반면에 도시지역 내의 자연녹지지역은 같은 도시지역이면서도 주거, 상업, 공업지역보다 상대적으로 땅값이 저렴할 뿐 아니라 앞으로 도시가 팽창되면 주거, 상업, 공업지역에 편입될 가능성이 높은 지역이기 때문에 자연녹지지역에 관심을 가져야 한다.

비도시지역의 계획관리지역 역시 다른 생산관리지역, 보전관리지역, 농림지역, 자연환경보전지역보다 규제가 적고, 다양하게 활용할 수 있을 뿐 아니라 도시지역에 편입될 가능성이 높은 지역이므로 역시 투자의 대상이 되는 지역이다.

(4) 대지보다는 농지 또는 임야에 투자

대지는 이미 개발이 완료되었기 때문에 땅값이 비싸다. 따라서 개발이 예상되는 지역에 다양하게 개발될 수 있는 농지나 임야에 투자하는 것이 바람직하다. 이 경우 차후 매도 시 많은 수요자가 몰리도록 하기 위해서는 지목이 그대로인 원형지를 사는 것이 좋다.

(5) 반드시 도로에 접한 땅에 투자

도로가 없으면 아무런 행위를 할 수 없다. 건축법상 도로는 폭 4 미터 이상, 내 땅에 접한 부분이 2미터 이상 되어야 건축허가가 난다. 따라서, 토지투자 시에는 반드시 도로에 접한 땅을 선택해야 한다.

(6) 주변 토지보다 높거나 낮은 땅에 관심을

이러한 땅은 대부분 주변 토지보다 가격이 저렴하다. 이런 땅을 매입해서 성토나 절토하여 땅의 가치를 높이는 것도 토지투자의 중요한 방법 중 하나다.

물론, 토지 매입 시 성토나 절토 비용은 반드시 고려해야 한다. 못생긴 토지를 싸게 매입해서, 예쁘게 화장시켜서 되팔면 수익이 많아진다.

(7) 토지의 서류 분석을 꼼꼼하게

물론 중개를 하는 중개사가 서류를 확인해주겠지만, 스스로 서류 분석을 할 줄 알아야 한다. 인터넷 사이트 '토지이음'을 통해 토지이용확인원을 열람하여 해당 토지의 제약 사항들을 확인하고, 인터넷 등기소를 통하여 해당 토지의 등기부등본 등을 확인해야 한다.

대출이 많거나 상속재산이면 주변 시세보다 꽤 저렴하게 토지를 구입할 수 있다. 토지투자는 반드시 장기적인 계획을 가지고 투자해야 성공한다. 따라서 너무 무리해서 큰 금액으로 큰 토지를 매입하는 것은 바람직하지 않다. 수요가 가장 많은 300평 정도의 토지를 철저히 준비해서 투자한 후에 기다리면 좋은 결과는 반드시 따라온다.

땅값은 계속 오르고, 땅은 배신하지 않는다.

14. 부동산공법(不動産公法)

(1) 부동산공법을 알아야 하는 이유

　토지투자를 잘하기 위해서는 부동산공법을 많이 아는 것보다 투자 사례를 많이 경험하는 것이 훨씬 중요하다. 그러나 투자 과정에서 발생하는 문제를 해결할 때는 부동산공법(不動産公法 - 이하 '공법')을 알아야 한다. 부동산공법은 부동산에 관한 공법적(강제적) 규율을 가하는 법규의 총체를 말한다.

　따라서 소유자의 의사와 관계없이 특정 토지의 용도가 제한되거나 거래의 상대방, 가격, 방법 등이 제한되기도 하며 때로는 소유권 자체가 박탈되기도 한다. 이러한 제한은 토지 소유자 개인의 이익을 넘어서는 공익을 위해, 국가가 개인보다 우월한 지위에서 개인의 재산권 행사를 제한하고 사람들 간의 법률관계에 개입하는 것이다.

　토지투자 방법에는 여러 가지가 있지만, 궁극적으로는 건물을 짓는 등의 개발행위로 가치를 높이는 것이 좋다. 이때 땅에 개발행위가 가능한지는 용도지역에서 정하고 있다. 그리고 이 용도지역을 규정하고 있는 것이 바로 공법이다. 즉, 각종 개발행위를 할 수 있는지가 공법에 달린 셈이다.

(2) 공법의 구조

공법을 모두 알 필요는 없다. 필요할 때 찾아볼 수 있을 정도면 충분하다. 그럼 공법의 구조를 먼저 살펴보자.

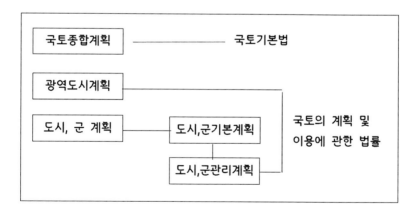

먼저 최상위는 '국토종합계획'으로 국토 전체의 균형적인 개발과 이용을 위한 계획이다. 그다음은 '광역도시계획'으로 근처의 시나

군을 연결해서 시설을 체계적으로 정비하기 위한 것이다.

마지막은 '도시, 군 계획'이다. 시 또는 군 각각의 발전 방향에 대한 계획을 정한 것으로, 다시 종합적인 방향을 제시하는 '기본계획'과 이를 실현하는 '관리계획'으로 나뉜다. 아래로 내려올수록 작고 구체적인 모습으로 갖춰진다.

(3) 도시, 군 관리계획

이 중에서 우리가 눈여겨봐야 할 것은 '도시, 군 관리계획'이다. 투자할 때 필수적으로 고려해야 하는 용도지역, 용도지구, 용도구역, 지구단위계획, 도로 등의 기반시설이 모두 여기서 정해지기 때문이다.

그리고 이 도시, 군 계획과 광역도시계획을 규정하는 법이 바로 '국토의 계획 및 이용에 관한 법률'이다. 이 땅에 건물을 지을 수 있을지, 어느 정도 규모로 지을 수 있는지는 국토계획법에 달려 있다. 전반적인 내용은 국토계획법에서 다루지만, 지자체마다 다르게 정하는 세세한 항목은 각 시, 군, 구의 조례를 찾아보면 된다.

(4) 공법의 활용

법인의 본점 소재지를 과밀억제권역에 두고 있으면, 부동산 취득을 할 때 세금이 중과된다는 사실을 법인투자를 해보신 분들은 안다. 따라서, 법인 설립을 할 때 비과밀지역에 본점을 두어 세금 중과를 피하기 위해 많은 투자자들이 용인, 화성 등의 사무실을 찾았다. 이때 등장하는 과밀억제권역과 비과밀지역이 바로 수도권정비계획법에서 나온 구분이다.

수도권정비계획법이 중요한 이유는 대규모 개발사업의 규모를 제한하며, 산업단지 등은 권역에 따라 업종 제한이 있기 때문이다. 공장과 학교도 총량을 설정해서 허가를 내준다. 따라서 취득세 중과를 피하기 위해 법인 본점을 비과밀지역에 둔 것처럼, 토지투자를 할 때는 내가 어떤 방식의 개발을 할지에 따라 3개 권역 중 어느 지역이 유리할지 판단하고 접근해야 한다.

토지 관련 규정에 있어서는 상위 법률보다 하위법이 우선한다. 많은 분들이 혼동하는 부분이며, 토지투자에서는 반대라는 것을 알아두면 좋다.

토지투자는 개인의 노력이 필요하다. 따라서 스스로 관련 내용을 알아보고 문의하는 적극성이 필요하다. 그리고 공법을 스스로 공부하는 것도 중요하지만, 반드시 해당 관청 담당자의 확인을 받고 투자하는 것이 안전하다 할 것이다.

15. 토지투자의 기본과 토지의 근본

　토지에 투자하여 풍요로운 내일을 소망하는 분들이 부동산공법에 관해서 공부를 많이 하는 것은 좋다. 그런데 제대로 전문가를 활용하는 방법을 알아야 한다.

　시청이나 군청 등 관공서 앞에 가면 토목설계사무소가 있다. 마음에 드는 땅이 있는데 그 땅에 대해서 좀 더 자세히 알고 싶으면 토목설계사무소에 가서 알아보면 된다. 이때 빈손으로 가지 말고 정성을 담아 사례를 하며 상담을 하면 우리가 공부해도 모를 수 있는 것을 아주 친절하게 잘 가르쳐줄 것이다.

　지금도 땅을 살 때는 설계사무소 소장님에게 사용하고자 하는 용도에 맞는지 물어본다. 길이 좁아서 어렵다고 하면 어디서부터 어떻게 길을 넓히고 길에 편입되는 땅은 몇 평이나 되는지 물어보면 알아보기 좋도록 그림을 그려서 갖다준다. 이렇게 전문가에게 물어봐야 한다.

　또한, '돈은 돈이 돈을 벌게 해야' 한다. 돈을 따라가면 절대로 잡을 수가 없다. 너무나 많이 들어본 말이다.

그러면 어떻게 해야 돈을 따라가지 않고 돈이 나한테 오도록 할까? 이게 바로 투자의 핵심이다.

토지에 대한 투자는 기본적으로 큰 재정이 소요되는 사업이다. 가지고 있는 재정이 넉넉하지 않으면 금융을 잘 활용해야 한다. 금융과 동업을 하는 것이다. 금융은 이윤을 많이 남겨도 절반을 달라고 하지 않으니 얼마나 좋은가.

경영에 간섭도 하지 않는다. 정해진 이율만큼만 내면 된다. 정해진 이율만큼 내고도 수익이 나야 하는데 어디에 투자해야 할까? 이것이 문제다. 이것만 알면 무슨 문제가 있겠는가?

땅은 다른 나라에서 수입해서 용지로 쓸 수 있는 것도 아니고, 공장에서 생산할 수 있는 제품도 아니다. 인간의 힘으로는 땅 한 평도 늘릴 수 없으며, 흙 한 줌도 만들 수 없다.

토지는 사람들에게 희망을 준다. 아울러 토지는 삶의 바탕이 된다. 집도 땅 위에 짓고, 학교도 땅 위에 지으며, 백화점도 땅 위에 세운다. 따라서 토지를 소유한다는 것은 삶의 근본을 소유하는 것이며, 근본이 든든하면 안정적이고 풍요로운 삶을 누리는 혜택을 받게 된다.

꿈을 꾸고 상상하는 사람은 미래를 본다. 희망을 갖고 꿈을 꾸는 데는 비용이 들지 않는다. 토지를 볼 때 현재의 토지를 보지 않고 미래의 토지 가치를 보는 안목이 중요하다.

토지의 근본과 투자의 기본 원칙을 살펴봤다.

토지는 사람들에게 희망을 주고, 풍요로운 삶의 혜택을 준다. 토지에 집도 짓고 백화점도 짓는다. 토지는 삶의 근본으로, 배신하지 않는다.

대한민국에 희망을 갖고 미래의 토지 가치에 투자를 권한다.

16. 내 인생의 생각 노트

두려워 마라.

긍정적인 마인드로 좋은 생각을 하며 노력하라.

도전하고 또 도전하라.

삶은 도전의 연속이라 생각하라.

인생은 길지 않다.

시간은 쏜살같다.

이 짧은 삶을 사랑하는 사람들과 행복하게 살아야 하지 않겠는가?

당장 이 책을 읽고 실천하라.

앞만 보고 달려라.

당신은 반드시 성공할 것이다.

17. 부동산 투자 원칙

□ 쌀 때 사고, 비쌀 때 판다.

□ 인구가 많은 지역에 투자한다.

□ 향후 2년간 공급이 부족한 지역에 투자한다.

□ 랜드마크가 되는 비싼 아파트에 투자한다.

□ 정부 정책(규제)에 준비하고 적절히 대처한다.

18. 부부 공동명의

　부부가 공동으로 등기하여 당해 부동산에 대한 재산권, 소유권 행사를 같이하는 것이 부부 공동명의다. 부동산의 처분이나 세금의 결정 또한 권리자 모두의 동의가 필요하고, 독립적인 재산권리가 인정된다.

　대부분 부동산에 대한 소유권 등기를 예전에는 남편 명의로 하는 것이 일반적이었다. 근래에는 맞벌이, 남녀평등으로 부부가 공동명의를 하는 경우가 많다.

　그러나 부동산의 경우에는 단독 또는 공동의 문제를 넘어, 소유권이 관련 세금에 영향을 주게 되어 꼼꼼히 검토하지 않으면 더 많은 세금을 납부하게 되는 경우가 발생할 수 있다.

부부 공동명의 장단점	
장점	- 부동산 팔 때 양도소득세 혜택(증여 시점에서 양도차익 재산정) - 기타 절세 효과(임대소득세 감소, 종합부동산세 과세 면제 가능) - 배우자의 일방적 재산권 행사 방지 - 자금 출처 소명

단점	- 증여세 발생 - 주택담보대출 감소 가능성 - 주택임대사업자 재등록 - 부동산 권리행사 제한(배우자 동의 필요) - 국민연금, 건강보험료 등 추가 부담

(1) 부부 공동명의의 장점

① 종합부동산세

종합부동산세는 개인당 부과되는 세금으로, 단독명의일 경우 주택공시가격 합산 금액 9억 원 초과 시 납부하지만 부부 공동명의일 경우 12억 원 초과 시 납부한다.

  □ 단독명의: 9억 원 초과 시 납부
  □ 공동명의: 12억 원 초과 시 납부

임대는 임대 시의 소득이 2천만 원 이상 될 경우 5월에 종합부동산세를 납입해야 하는데, 이때 소득을 각각 나누어 2천만 원 미만이 된다면 분리과세 적용으로 세금에 대한 부담을 낮출 수 있다.

② 증여세

증여세의 경우에는 한 사람 명의로 있던 부동산을 부부 공동명의로 변경하게 되면 취득세뿐만 아니라 증여세도 납부해야 할 수 있다.

부부가 증여 시에는 10년간 6억 원까지는 비과세 혜택을 받을 수 있어 6억 원 미만의 주택을 증여하면 증여세를 납부하지 않아도 된다. 하지만 6억 원이 넘을 경우에는 증여세가 부가되고 부동산의 가격이 고가일수록 증여세를 부담할 수 있다.

③ 양도소득세

과세표준	세율	누진공제금액
1,400만 원 이하	6%	-
1,400만 원 초과 ~ 5,000만 원 이하	15%	126만 원
5,000만 원 초과 ~ 8,800만 원 이하	24%	576만 원
8,800만 원 초과 ~ 1억 5,000만 원 이하	35%	1,544만 원
1억 5,000만 원 초과 ~ 3억 원 이하	38%	1,994만 원
3억 원 초과 ~ 5억 원 이하	40%	2,594만 원
5억 원 초과 ~ 10억 원 이하	42%	3,594만 원
10억 원 초과	45%	6,594만 원

부동산을 팔면 내야 하는 세금이 양도소득세인데, 양도소득세는

구입 당시의 가격과 처분할 때의 양도차익에 대해 부과되는 세금이다. 부부 공동명의로 하게 되면 과세표준이 낮아지고 각자의 지분을 기준으로 계산하기 때문에 양도소득세 부담을 줄일 수 있다.

양도세는 각각의 지분에 따라 과세가 되므로 세금 감면 효과는 있지만 누진세율이 적용되는 것이 아니라 고정세율로 산출하는 상황이라면 각각 기본공제 250만 원, 즉 총 500만 원의 절세 효과만 가능하다.

④ 상속세

가지고 있던 주택을 자녀에게 주게 되면 상속세를 납부해야 한다.

그런데 부부 공동명의로 가지고 있었다면 과세표준이 반으로 나누어지기 때문에 50%의 상속세가 부과된다.

상속세는 누진세율을 채택하므로 개인별 유산으로 과세가 된다. 재산이 분산될수록 세금 분산이 가능하며, 금액이 적어질수록 내야 하는 과세 액수가 줄어들게 된다.

(2) 부부 공동명의의 단점

부부가 모두 주택을 소유하게 된다면 1가구 2주택자가 되어 종합부동산세 적용 시 고령자 공제와 장기 보유 공제 혜택을 누릴 수 없게 된다.

① 취득세

취득세는 부동산을 처음 취득할 때 납부하는 세금이다. 따라서 만약 처음에 한 사람의 명의로 했다가 나중에 공동명의로 변경하게 되면 다시 한번 취득세를 납부해야 한다.

그러므로 처음부터 한 사람으로 할지, 부부 공동명의로 할지 결정하는 게 좋다.

② 건강보험료 인상

부부 공동명의로 할 경우 부부가 모두 주택을 소유하고 있는 것으로 판단되어 4대 보험료가 증가할 수 있다.

아내가 전업주부일 경우, 한 사람의 명의라면 피부양자로 등록되어 있지만 부부 공동명의로 변경할 경우 지역가입자로 전환되어 건강보험료가 오르게 된다. 또한 등기수수료도 추가 발생된다.

③ 대출 시 문제

부부 공동명의로 할 경우 가장 큰 단점은 바로 대출 시 문제가 발생할 수 있다는 점이다.

부부 공동명의 시 부부 모두 소득과 재산을 확인하여 대출이 진행되는데, 만약 아내가 가정주부로 소득이나 재산이 남편에 비해 적다면 대출 금액이 적게 나올 수 있다.

한 사람의 소득, 재산, 채무, 신용도가 좋지 않으면 대출에 영향을 줄 수 있다.

아파트 부부 공동명의 변경은 다음과 같은 상황에서 발생한다.

㉠ 아파트 계약 시 부부 중 한 명의 이름으로 계약을 하였으나, 나중에 공동명의로 변경하고자 할 때
㉡ 부부 중 한 명이 아파트를 소유하고 있으며, 이를 부부 공동명의로 변경하는 경우

이러한 변화는 부부간의 재산관리 및 세금 부담 등을 고려할 때 중요한 역할을 한다. 부부 공동명의 변경 절차와 신고 방법은 다음과 같다.

㉠ 증여계약서 작성
㉡ 실거래 신고 검인

지금 당장 시작하는 패시브 인컴 만들기

ⓒ 신고 방법: 증여계약서 및 필요한 서류를 준비한 뒤, 부동산이 위치한 시, 군, 구청에 방문한다. 필요한 서류로는 증여계약서 원본, 부동산 분양권 원본, 당사자의 신분증이다.

ⓔ 모델하우스 방문: 부부 모두 인감증명서와 인감도장, 실거래 신고 검인을 거친 증여계약서, 분양계약서, 신분증 등을 제출해야 한다.

19. 증여세

(1) 증여세의 개념

증여세는 타인으로부터 재산을 무상으로 받은 경우에 당해 증여재산에 대하여 부과되는 조세로서 상속세와 더불어 대표적인 유산과세형 세목이다. 즉, 생전에 자녀에게 부동산 등 자산을 이전하면 이에 대해 세금을 내야 하는데, 이게 증여세다.

하지만, 모든 사람들이 다 증여세를 내는 것은 아니고 일정 금액까지는 면제받을 수 있다. 증여세 면제 대상은 배우자, 직계존비속, 기타 친족 간 증여다. 배우자 간의 증여 시에는 6억 원까지는 증여세 면제된다. 직계존비속으로부터의 증여 시에는 5천만 원(미성년자는 2천만 원)까지는 증여세 면제된다. 기타 친족으로부터 증여 시에는 1천만 원까지 증여세가 면제된다.

증여재산 공제 한도	
구분	공제 한도
배우자	6억 원
직계존속 → 직계비속	5천만 원(미성년자 2천만 원) + 혼인공제 1억 원
직계비속 → 직계존속	5천만 원
기타 친족	1천만 원

자녀에게 증여를 하는 경우 5천만 원까지가 증여세 면제 한도액이지만 혼인으로 인해 증여를 하는 경우 추가로 1억 원까지 증여세 면제가 된다. 혼인 신고일 전후 2년 이내에 1억 원을 증여할 수 있다.

하지만, 10년 이내에 동일인으로부터 증여세 면제 한도액 이상을 증여받은 경우 합산 과세되니 주의해야 한다.

(2) 증여세 세율

과세표준	세율	누진공제액
1억 원 이하	10%	없음
5억 원 이하	20%	1천만 원
10억 원 이하	30%	6천만 원
30억 원 이하	40%	1억 6천만 원
30억 원 초과	50%	4억 6천만 원

(3) 증여세 면제 한도액

수증자		면제 한도
배우자		6억 원
부모(직계존속)	자녀(성인)	5천만 원
	자녀(미성년자)	2천만 원
자녀(직계비속)	부모(직계존속)	5천만 원
할아버지(직계존속)	손자녀(직계비속)	5천만 원
그 외 친족(형제자매 간)		1천만 원

(4) 증여세 세율 절약 방법

☐ 증여세 면제 한도는 10년마다 갱신되고, 증여 후 10년 이후에는 다시 증여가 가능하므로 시기를 분산한다.

☐ 미성년자인 직계비속에게 증여 시: 미성년자는 5세 이후부터 증여가 가능하므로 6세, 16세, 26세마다 증여한다.

☐ 한 사람에게 몰아주지 않고 다수에게 나눠서 증여한다.

☐ 부동산이나 주식 등 현재 가치보다 올라갈 자산을 미리 증여하는 것도 좋다.

지금 당장 시작하는 패시브 인컴 만들기

(5) 국세청 증여세 자동계산 활용

- □ 국세청 홈택스 https://www.hometax.go.kr를 이용한다.
- □ 홈택스 〉세금신고 〉증여세 신고 〉(모의계산) 증여세 자동계산

국세청 홈택스(손택스)에 들어가 '세금신고'를 클릭하면 각종 세금이 나온다. 여기서 양도소득세, 증여세, 상속세 등 간편 모의 계산을 할 수 있다.
또 휴대폰에 '부동산계산기' 앱을 깔아놓고 수시로 필요한 세금을 계산해본다.
본인만의 복잡한 세금 관계를 어느 정도 정확하게 알아보기 위해서는 126번 국세청 전화를 사용한다. 물론, 전화 대기 시간이 긴 것이 흠이지만 메모지에 요점을 정리해서 전화를 하면 좋을 것이다.
세무서에 방문하여 물어봐도 개인적인 세금에 대해 답변하지 않고, 세무사에 물어봐도 전문적인 분야가 아니면 확실하지 않다. 따라서 본인이 세법을 공부하고, 국세청 간편 모의 계산을 활용하는 것이 좋다.

20. 상속세

(1) 상속세의 개념

상속세란 사망으로 인해 재산이 가족이나 친족에게 무상으로 이전되는 경우 부과되는 세금을 말한다. 상속세는 증여세와 마찬가지로 재산의 무상양도로 매겨지기 때문에 취득자의 담세 능력을 세부담의 원천으로 한다.

상속에 대한 규정은 민법에 명문화되어 있으며 상속세 신고, 납부의 의무가 있는 납세 의무자는 상속을 원인으로 재산을 물려받는 상속인과 유언이나 증여계약 후 증여자의 사망으로 재산을 취득하는 수유자가 있다.

(2) 상속세율 산출

상속세율은 1억 원 이하일 경우 10%, 30억 원 이하일 경우 40%, 30억 원 이상일 경우 50%로 적용된다.

상속세는 누진세이므로 증여된 금액이 높을수록 누진되어 적용된다.

과세표준액	세율	산출식
1억 원 이하	10%	과세표준액 × 10%
1억 원 초과 ~ 5억 원 이하	20%	1천만 원 + 1억 원 초과액 × 20%
5억 원 초과 ~ 10억 원 이하	30%	9천만 원 + 5억 원 초과액 × 30%
10억 원 초과 ~ 30억 원 이하	40%	2억 4천만 원 + 10억 원 초과액 × 40%
30억 원 초과	50%	10억 4천만 원 + 30억 원 초과액 × 50%

(3) 상속순위

□ 직계비속: 자녀, 손자녀, 외손자녀, 외증손자녀

□ 직계존속: 부모, 조부모, 증조부모

□ 4촌 이내의 방계혈족: 이모, 고모, 삼촌, 사촌 형제자매

우선순위	피상속인과의 관계	상속인 해당 여부
1순위	직계비속과 배우자	항상 상속인이 된다
2순위	직계비속과 배우자	직계비속이 없는 경우에 상속인에 해당한다.
3순위	형제자매	1, 2순위가 없는 경우에 상속인이 된다.
4순위	4촌 이내 방계혈족	1, 2, 3순위가 없는 경우에 상속인이 된다.

(4) 상속세 면제 한도액

상속세 면제 한도액이란 상속이 발생하였을 때 면제 또는 상속세를 내지 않아도 되는 한도 금액을 말한다. 이때 대상에 따라 다양한 조건들을 가지고 있기 때문에 상속세 면제 한도액 조건에 해당하는지 먼저 확인한 후에 자동계산기를 이용하여 계산을 해보는 것이 좋다.

상속세 면제 한도액은 기초공제부터 인적, 일괄, 배우자, 상속공제, 주택공제 등 다양하게 있기 때문에 해당되는 것이 있다면 이 부분을 증명해서 면제를 받을 수 있도록 하면 된다.

지금 당장 시작하는 패시브 인컴 만들기

(5) 상속세 면제 한도액 기초공제

기초공제는 거주자 또는 비거주자 사망으로 상속이 될 경우 기초공제 2억 원을 공제할 수 있게 된다. 다른 상속공제는 적용되지 않는다.

가업상속의 경우에는 가업상속재산가액에 상당하는 금액(300~600억 원 한도)에 대해 추가적 공제 가능하며 가업의 경우 몇 가지 요건을 충족해야만 공제가 가능하다.

□ 가업: 피상속인이 10년 이상 계속 경영한 중소기업 또는 중견기업

□ 피상속인: 가업 주식의 40%(상장 법인 20%) 이상을 10년 이상 계속하여 보유하고 대표이사 등으로 재직하는 경우

□ 상속인: 18세 이상이며 상속개시일 전 2년 이상 가업에 종사 및 상속개시일로부터 2년 이내 대표이사 등으로 취임한 경우

□ 영농상속의 경우 상속가액에 상당하는 금액인 30억 원 한도에서 추가적으로 공제받을 수 있다.

부모가 자녀에게 무조건적인 사랑을 주는 시대는 이미 지났고, 자녀도 부모를 의무적으로 봉양하지 않는다. 또한 내가 일군 재산을 내가 마음껏 즐기고 가겠다고 하거나, 본인이 하는 일에 사사건건 반대만 하는 자녀들이 싫어서 삶의 마지막을 함께 해준 새로운 사람에게 남겨주는 등 저마다 다른 사정으로 상속재산을 자녀에게 주지 않거나, 또는 특정 자녀에게 재산을 몰아주고 싶어 하는 경향이 있다.

요즘 서울에 있는 아파트 1채는 10억 원을 훌쩍 넘었다. 부모님께서 살던 아파트를 양도하고 현금으로 찾으신 뒤 어디다 쓰셨는지 모른다면 어떻게 될까? 세법에서는 재산의 소유자가 사망하기 전에 그 재산을 처분하게 되면 상당한 불이익을 준다. 상속개시일(=사망일) 전 처분 재산가액이 1년 이내에 2억 원, 2년 이내에 5억 원 이상인 경우 처분금액의 사용처가 객관적으로 명백하지 않다면 객관적으로 소명한 금액 + min(재산가액의 20%, 2억 원)의 금액을 차감한 금액을 상속재산으로 추정한다.

따라서 받지도 않은 상속세를 내야 하는 문제가 생길 수도 있다.

상속세 공제(면제 한도)			
구분		공제금액	공제 한도
기초공제 및 인적공제	기초공제	2억 원	2억 원
	자녀공제	1인당 5천만 원	인원 제한 없음
	미성년자공제	19세까지 연수 × 1천만 원	
	연로자공제	65세 이상 1인당 5천만 원	
	장애인공제	장애인의 기대여명 × 1천만 원	
일괄공제		5억 원	5억 원
가업상속공제		가업상속재산가액	200~500억 원
영농상속공제		영농상속재산가액	20억 원
배우자 상속공제	5억 원 이상	MIN(1, 2) 1. 실제 상속받은 금액 2. (상속재산×법정상속지분)-(상속개시 10년 이내에 증여받은 재산의 과세표준)	30억 원
	5억 원 미만	5만 원	5억 원
금융재산 상속공제	2천만 원 이하	금융부채를 뺀 순금융재산가액	2천만 원
	2천만 원 초과	20%(또는 2천만 원 가운데 선택)	2천만 원
재해손실공제		재해손실가액-보험 등 보상금액	
동거주택상속공제		상속주택가액	6억 원

(6) 상속세 면제 한도액 배우자 공제

거주자의 사망으로 상속이 진행될 때 배우자가 생존해 있으면 배우자 공제 적용이 가능하다.

□ 상속받은 금액이 없거나 5억 원 미만일 경우: 5억 원 공제
□ 5억 원 이상일 때: 실제 상속받은 금액(받은 금액)을 공제(공제 한도액 초과 시 공제 한도액)
□ 배우자가 실제 상속받은 금액으로 배우자 공제를 받기 위해서는 상속세 신고 기한의 다음 날부터 6개월이 되는 날까지 배우자의 상속재산을 분할(등기, 가등록, 과명의 개서 등을 요하는 경우에는 그 등기, 등록, 명의개서 등이 된 것에 한함)해야 한다는 것을 참고하여야 한다.

(7) 상속세 면제 한도액 그 밖의 인적공제

거주자의 사망으로 상속개시 시 자녀 혹은 동거가족에 대해 공제받을 수 있는 부분으로, 미성년자 공제와는 중복 적용되지 않는다.

(8) 상속세 면제 한도액 일괄공제

　일괄공제는 상속인 또는 수유자가 배우자 및 직계비속, 형제자매 등인 때에 상속세 신고기한 내 신고한 경우에 적용받을 수 있다. 일괄공제는 기초공제 2억 원과 그 밖의 인적공제 1억 5천만 원인 경우 5억 원(일괄공제)을 공제받을 수 있다.

(9) 상속세 자동계산

□ 국세청 홈택스 https://www.hometax.go.kr를 이용한다.
□ 세금신고 〉 상속세신고 〉 (모의계산) 상속세 자동계산

21. 부동산 부담부증여

(1) 부동산 부담부증여의 개념

주택 등의 부동산을 보유한 많은 부모님들이 종합부동산세 등 세금이 부담되지만 좀 버티면 가격이 더 상승하여 이익이 많아질 것 같은 생각에 남에게 팔기는 아까워 고민한다. 또는 현재 상속세를 계산해보니 상속세 부담이 상당할 것 같아 상속재산을 줄여 상속세 부담을 감소시켜야 한다는 생각을 하고 있다.

이러한 문제를 해결하는 방안으로 자녀에게 무상으로 재산을 이전하는 증여가 활용되고 있다.

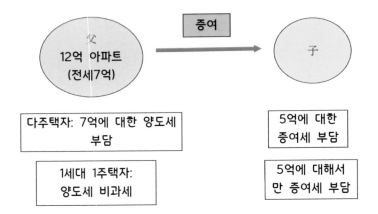

부담부증여는 무상으로 상대방(수증자)에게 재산이 이전된다는 면에서 증여에 해당되지만 상증법상으로는 증여재산에 담보된 채무를 수증자가 인수하는 경우를 말하며, 인수되는 채무는 증여재산에서 제외된다.

증여재산에서 제외된 채무는 수증자가 증여자로부터 채무액만큼 사실상 유상으로 취득한 것으로 간주되어, 증여자에게는 양도소득세 부담 의무가 있고 수증자는 양도소득세가 과세되는 채무를 차감한 증여재산에 대하여 증여세를 부담하게 된다.

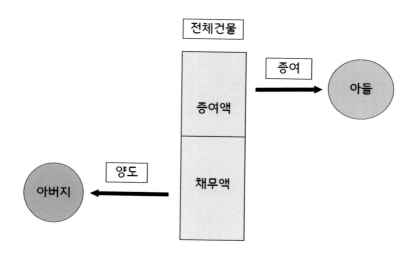

부담부증여의 장점에도 불구하고 수증자(아들)가 소득이 없는 미성년자일 경우 등은 채무(전세보증금)에 대한 변제 능력이 없는 경우로 보아 부담부증여가 인정되지 않는다. 따라서 수증자의 소득 확인이 필수다.

(2) 부담부증여 시 유의 사항

증여재산에서 차감되는 채무로 인정되기 위한 채무의 요건은 증여일 현재 증여재산에 담보된 채무(임대보증금 포함)이어야 하며, 그 채무는 증여자가 실질적인 채무자여야 한다.

그리고 증여자의 채무를 수증자가 인수해야 하는데 여기서 문제가 발생하는 경우가 많다. 자녀에게 재산을 이전하고 싶어 하는 부모님들은 부담부증여를 이용하여 저렴한 세금으로 일단 자녀에게 이전하고 자녀가 인수한 채무에 대해서 부모님이 뒤에서 처리해주려고 생각하는 분들이 많다.

과세 관청에서도 이러한 사실을 잘 알고 있기 때문에 사후관리를 강화하고 있다. 채무를 인수받은 수증자는 채무자가 되어 자금출처가 확인되는 자금으로 이자와 원금에 대한 변제를 해야 하기 때문에 수증자가 소득이 없는 미성년자일 경우 등은 채무에 대한 변제 능력이 없는 경우로 보아 부담부증여가 인정되지 않는다.

(3) 부담부증여 인정 조건

취득세 면에서는 지방세법 제7조 ⑪에 의하여 소득이 없는 자녀가 수증자인 경우 인수받은 채무는 증여로 취득한 것으로 보아 증여취득세가 과세된다. 다만 전세보증금 승계에 한해서 부담부증여가 인정되기도 하지만 지자체에 사전 확인이 반드시 필요하다.

이 경우에도 전세보증금이 임대차 계약으로 상환하였는지 부모가 대신 상환하였는지 과세 당국이 사후관리를 철저히 한다.

부담부증여 인정 조건	
증여자(아버지)	수증자(아들)
- 채무를 함께 넘긴다는 증여계약서 작성 - 수증자의 채무를 대신 갚지 않을 것	- 실질적으로 원금 갚기 - 채무 확인 서류 구비하기 - 실질적으로 이자 등 지급

　수증자가 소득이 있는 경우에도 수증자는 증여세 및 취득세를 부담해야 하기 때문에 세부담 능력을 사전에 검토하여야 한다. 만일 수증자인 자녀가 증여세 납부 능력이 없는데도 증여세가 납부되었다면 납부한 증여세에 대해서도 다시 증여세가 과세되는 재증여의 문제가 발생할 수도 있다.

　인수되는 채무에 대하여 금융기관에 승계 가능 여부를 사전에 확인하는 것도 필요하다. 요즘은 대출 조건 변화가 심하고 복잡하기 때문에 예상하지 못하는 상황이 발생할 수 있기 때문이다.

22. 임장 시 풍수지리 참조

☐ 배산임수(背山臨水): 뒤에는 산이 있고, 앞에는 물이 흐름

☐ 수맥이 없고, 편평한 지대

☐ 현관은 사업운과 금전운의 공간으로 밝고 청결하게 유지

☐ 신발의 앞코가 집을 향하도록 정리

☐ 집 안 내부는 보이지 않도록 중문(화분) 설치

☐ 왼쪽 거울은 금전과 재물운, 오른쪽은 명예운을 높임

23. 재개발, 재건축 용어 정리

(1) 현금청산

재개발이나 재건축에서 조합원이 아파트를 분양받지 못하고 현금을 받고 나가는 것을 현금청산이라고 한다. 조합원 지위를 인정받지 못하는 경우는 분양 신청을 하지 않았거나, 신청을 했다가 안하기로 하는 것과, 아파트를 분양받기에는 토지나 건물의 권리가액이 너무 적은 경우 등이다. 권리가액이 너무 적다는 것은 지분 쪼개기 등으로 토지나 건물이 너무 작은 경우다.

(2) 권리가액

조합원의 개발된 헌 집과 토지의 감정가에 비례율을 곱해서 계산한 금액을 권리가액이라고 한다. 비례율이 높다면 당연히 내가 내야 할 분담금은 적어진다.

조합원 분양가에서 권리가액을 뺀 차액을 추가 분담금으로 지급하면 개발된 새 아파트에 입주할 수 있다. 예를 들어 조합원 분양가가 6억 5천만 원이고, 권리가액이 2억 5천만 원이라면 6억 5천만 원에서 2억 5천만 원을 뺀 4억 원이 분담금이 된다.

(3) 감정가

재개발이나 재건축을 할 때 시장, 군수는 감정평가 법인에 의뢰하여 조합원들이 가지고 있는 주택과 대지의 가치가 얼마나 되는지 파악한다. 두세 명의 감정평가사를 동원해 주택과 대지의 가치를 평가하게 되는데, 이때 이 금액을 감정가라고 한다.

(4) 비례율

개발이 완성되고 나면 개발하기 전의 주택과 대지의 총액에서 총 사업 비용을 뺀 금액을 개발하기 전의 주택과 대지의 총액으로 나눈 금액을 비례율이라고 한다.

(비례율 = 개발완료 주택과 대지의 총가액 - 총사업 비용 / 개발 전 주택과 대지의 총 평가액 × 100)

개발하기 전 각 조합원의 주택과 대지지분의 감정가에 비례율을 곱하면 조합원의 권리가액이 된다.

분양가에서 권리가액을 빼면 내가 내야 할 분담금이 나온다. 비례율이 높으면 당연히 나에겐 이득인 것이다.

(5) 재건축 무상지분율

재건축 단지 조합원이 추가 분담금 없이 넓혀서 갈 수 있는 면적 비율을 재건축 무상지분율이라고 한다.

(무상지분율 = 전체무상지분면적 / 총대지면적 × 100)

(전체무상지분면적 = 총분양수입 - 총사업비 / 평균분양가 × 100)

예를 들어 어느 집의 대지지분이 100㎡이고, 무상지분율이 150%라면 이 가구는 150㎡를 추가 분담금 없이 공급받을 수 있다.

재건축의 무상지분율은 주택의 가치는 고려하지 않고 단순하게 대지지분만 고려한다. 재개발의 경우는 주택과 대지지분을 모두 고려한다.

(6) 추가 분담금

재개발에서 조합원 분양가가 권리가액보다 클 경우 당연히 추가로 내야 할 금액이 있다. 대부분 분양가가 더 높아서 잔금 시 추가로 내게 된다.

재건축도 마찬가지로 내 집은 25평이고 5평은 무상, 34평을 신청하였다면 4평에 대한 금액은 추가로 내가 내야 한다.

(7) 청산금

추가 분담금과 반대로 내가 가진 주택과 대지지분이 훨씬 크다면, 예전에는 주택으로 여러 채를 받기도 했다. 하지만 지금은 여러 채를 못 받고, 돈으로 받아야 한다. 이것을 청산금이라고 한다.

조합이 준공을 마친 후 돈이 남아서 조합원들에게 준공 후에 남은 돈을 나눠주는 것도 청산금이라고 한다.

(8) 재건축 초과이익 환수

재건축으로 인해 초과로 이익이 발생할 경우, 나라가 그 이익을 환수하는 제도다. 재건축 준공이 나기까지 조합원 1인당 8천만 원 (이전 3천만 원)이 넘을 경우, 그 초과 금액의 50%를 세금으로 내야 한다.

(9) 이주비

관리처분 인가가 나면 이주를 시작하게 되는데 이때 필요한 것이 이주비다. 재개발이나 재건축이나 조합원에게 이사를 나가도록 지급하는 비용이다.

오랜 시간이 걸리는 동안 거주해야 할 집을 구하는 비용이다. 조합원들이 이사할 비용이 부족하여 대출을 받는 것이다.

(10) 정비예정구역

자치구의 구청장 또는 광역시의 군수는 노후된 지역을 계획적으로 정비하기 위해 주민설명회나 공람 등을 통해 재건축 및 재개발을 위한 정비구역을 예정하는데, 이렇게 예정된 정비구역을 정비예정구역이라 한다.

정비예정구역 지정 후 개발계획이 수립되어 정비구역으로 지정받아야 개발할 수 있다.

(11) 지구단위계획

도시를 좀 더 체계적, 효율적으로 개발하기 위해 기반시설의 배치와 규모, 가구의 규모, 건축물의 용도, 건폐율, 용적률, 높이 등을 제한하거나 유도하는 도시관리계획을 말한다.

다시 말해, 수립된 지구단위계획을 살펴보면 도시가 앞으로 어떻게 개발될 것인지 예상할 수 있다. 지구단위계획 구역으로 지정되면 3년 안에 해당 구역에 대한 지구단위계획을 세워야 하며, 그렇지 않으면 지구단위계획구역의 효력이 상실된다.

24. 재개발과 재건축의 차이점

기반시설 정비 유무

재개발은 열악한 기반시설과 함께 노후 불량 건축물을 정비하는 사업이다. 재건축은 기반시설은 그대로 놔두고 건축물만 헐고 다시 짓는 사업이다.

안전진단 유무

재개발은 안전진단을 하지 않고, 재건축은 안전진단을 의무적으로 실시해야 한다.

사업부지 매입 권한

재개발의 경우 해당 사업부지에 대한 강제 수용권이 있다. 반면에 재건축은 매도 청구권이 있다. 재개발은 조합설립에 동의하지 않아도 자동으로 조합원이 되고, 재건축은 동의하지 않으면 조합원 지위가 박탈돼 현금청산 대상자가 된다.

조합원 자격

재건축은 구역 내 토지와 건축물을 모두 소유해야 조합원이 될 수 있고, 재개발은 토지 또는 건물만 소유해도 조합원이 될 수 있다.

세입자 이주비 유무

재개발은 세입자 이주비가 있고, 재건축은 세입자 이주비가 없다(재개발은 공익사업을 위한 토지 등 취득 및 보상에 관한 법률 적용).

(1) 재개발이란?

주거환경이 낙후된 지역에 도로, 상하수도 등의 기반시설을 새로 정비하고 주택을 신축함으로써 주거환경 및 도시경관을 재정비하는 사업을 말한다.

'도시재개발법'에 의거해 재개발구역으로 지정하고 구역 내 주민이 조합을 설립하여 도로 등 공공시설을 정비한다.

지금 당장 시작하는 패시브 인컴 만들기

(2) 재건축이란?

'주택건설촉진법'에 재건축사업이 가능하도록 기준을 정해두어 건물소유주들이 조합을 구성해서 노후주택을 헐고 새로 짓는 것을 말한다.

재건축사업은 노후주택이나 불량주택을 법률에 정한 절차에 따라 철거하고, 그 철거한 대지 위에 새로운 주택을 건설하기 위해 기존 주택의 소유자가 자율적으로 조합을 결성해 주택을 건설하는 민간사업이다.

(3) 절차의 차이점

재개발	재건축
조합설립추진위원회 구성 ⇩ 조합설립 ⇩ 사업시행자 선정 ⇩ 사업시행인가 ⇩ 관리처분계획인가 ⇩ 기타 절차	조합설립추진위원회 구성 ⇩ 안전진단 ⇩ 조합설립 ⇩ 매도청구 ⇩ 토지분할청구 ⇩ 사업시행인가 ⇩ 관리처분계획인가

(4) 성격과 근거 법령의 차이점

재개발	재건축
공공사업의 성격	민간주택사업의 성격
도시재개발법에 근거	주택건설촉진법에 근거

(5) 재건축 투자 5계명

재건축은 부동산시장에서 대표적인 고위험, 고수익 투자다. 향후 재건축 시 높은 수익을 기대할 수도 있는 반면에 안전진단, 조합설립, 사업시행인가, 관리처분계획 등 착공에 앞서 이해관계가 얽히고설킨 각종 절차를 거쳐야 하기 때문에 주의할 점이 많다.

① 대지지분을 따져라

대지지분이란 아파트 등에서 그 건물이 가지고 있는 전체 땅 중 특정 호수가 갖는 땅 크기를 말한다. 예컨대 60㎡ 아파트를 매입했을 때 대지지분이 꼭 60㎡는 아니다. 등기부등본에 표시되는 대지권 비율 항목에 48.54라고 나와 있다면 48.54㎡가 자신이 소유하

지금 당장 시작하는 패시브 인컴 만들기

고 있는 아파트 대지면적이다. 토지가격이 같으면 대지지분이 클수록 추가 부담금은 낮아지고 개발이익은 커진다.

② 추가 부담금이 성패를 가른다

추가 부담금은 재건축으로 조합원이 추가적으로 내야 할 비용이다. 추가 부담금 규모에 따라 배보다 배꼽이 더 커지는 사례도 있어 여기에 재건축 투자 성패가 달렸다고 해도 과언이 아니다. 우선 대지지분을 기준으로 따져 추가 부담금 없이 공짜로 분양받을 수 있는 면적 비율인 무상지분율을 계산해봐야 한다. '(분양면적 - 무상지분면적) × 3.3㎡당 조합원 분양가 = 추가 부담금'으로 계산한다.

③ 용적률과 건폐율을 살펴라

용적률은 대지면적에 대한 건축물 연면적의 합(바닥면적 합)이 차지하는 비율을 말한다. 건폐율은 대지면적에 대한 건축면적 비율을 말한다. 예를 들어 대지 100㎡ 땅에 건폐율이 50%, 용적률이 300%라고 가정하면 대지 100㎡에 50㎡ 넓이 건축물을 지을 수 있다는 얘기다. 용적률이 300%니까 6층까지 건물을 올릴 수 있다.

④ 철거돼도 세금은 낸다

보통 관리처분 이후 철거돼 주택이 멸실되면 주택이 아니라고 생각하기 쉽다. 하지만 세금에서는 주택으로 간주된다는 점을 유의해야 한다. 자칫 1가구 1주택자 양도세 중과 규정에 걸러 세금 폭탄을 맞을 수도 있다. 관리처분계획 인가가 나면 당첨으로 간주된다.

⑤ 주택이 2채라도 소용없다

재건축되는 동일 단지에 주택을 2채 소유하고 있으면 입주권을 2개 받을 수 있을까? 정답은 '아니다'이다. 주택투기지역이나 투기과열지구 내에서는 한 사람이 1개 입주권만 받을 수 있기 때문이다. 해당 구역에는 2채가 있으면 1채는 현금청산이 되므로 매도하거나 가구 분리된 자녀 등에게 증여하는 게 낫다.

(6) 조합원 입주권 매매 거래 조건 관련 주의할 점

① 조합원 입주권이란

'관리처분인가 후 사업시행계획인가로 인해 입주자로 선정된 지위'를 말한다. 즉, 해당 재개발 혹은 재건축 지역에 살고 있던 사람들이 조합을 설립해서 그 조합의 조합원이 된 사람을 의미한다. 조합원이 되면 본인이 원래 갖고 있던 건물, 상가, 혹은 도로 등의 가격을 감정해서 그 가격에 해당하는 매물(보통 아파트)을 받을 수 있다. 물론 상가를 가지고 있던 사람은 아파트 1채와 상가 1채 등 여러 가지 옵션이 있기는 하다.

② 입주권 매매 가능 조건

조합에서 입주권을 양도하려면 도정법37조에 따른 확실한 사유가 있어야 한다.

- □ 1세대 1주택 10년 보유, 5년 거주(최소 조건)
- □ 상속: 상속으로 인한 주택의 세대원 모두가 이전하는 경우
- □ 세대원 전원 해외 이주: 전원이 해외로 이주하거나, 세대원 모

두가 2년 이상 해외에서 체류할 때 예외 조건으로 인정한다.

□ 세대원 전원 이주: 세대원 전원이 근무나 생업, 질병으로 인해 이전하는 경우다. 단, 해당 사업구역을 멀리 벗어난 곳으로 가야 한다. 같은 서울시에서 서울시로는 인정되지 않는다.

□ 그 밖의 경우(사업 지연 등): 재개발이나 재건축 조합의 경우 수십 년이 지나도 제대로 사업이 진척되지 않는 경우가 많다. 이런 경우에 한해서 오래 기다리지 못하는 사람들 혹은 중간에 이사를 나가야 하는 사람들, 팔아야 하는 사람들에게 입주권을 매매할 수 있는 권리를 부여한다. 유명한 강남의 은마아파트는 조합설립까지 20년이 넘게 걸렸다. ㉠ 조합설립인가 이후 3년 이상 사업시행인가를 신청하지 않을 경우 ㉡ 사업시행인가일로부터 이후 3년 이내에 착공하지 않은 경우 ㉢ 착공일로부터 3년이상 준공하지 않은 경우 등이다.

(7) 조합원 입주권 매수 시 주의할 점

□ 해당 정비구역 내에 2개 이상의 입주권을 보유하고 있는 조합원의 매물을 산다면 조합원 지위 분할은 불가능하다. 무조건 현금청산 대상이다. 파는 사람 말만 듣지 말고, 조합에 전화해서 자세하게 사정을 설명한 뒤 1개 이상 물건을 갖고 있는 게

아닌지 확인하는 과정도 필요하다.

□ 투기과열지구 내 재당첨에 주의해야 한다. 보통 5년이다. 투기
과열지구 내 정비사업에서 조합원이나 일반분양대상자는 분
양대상자 선정일로부터 5년 이내에는 투기과열지구 내 정비사
업에 분양 신청이 불가능하다. 현금청산 대상이 되지 않도록
주의해야 한다.

(8) 조합원의 장단점

조합원이 되면 보통 고층 아파트를 먼저 선점하게 된다. 조합원
들끼리 동호수를 추첨하는 절차를 거치므로 로열층에 당첨될 확률
이 높다. 따라서 청약점수가 낮은 사람은 입주권을 사는 것도 현
명한 선택일 수 있다.

단점으로는 추가 부담금이 있다. 건축 공사비가 상승하고 있어
확률이 높아지고 있다.

25. 부동산 기본 서류의 이해

(1) 개요 설명

부동산을 분석하는 데 있어 가장 기본이 되는 서류에는 등기사항전부증명서(등기부등본), 건축물대장, 토지대장, 토지이용계획원, 임야도, 지적도 등이 있다. 그중에서 가장 기본인 부동산 등기부등본은 3가지 종류가 있는데 건물등기, 토지등기, 집합건물등기의 세 가지로 나뉘며 등기부등본을 발급해보면 첫 장 맨 윗부분에 등기부등본의 종류가 적혀 있다.

등기부등본은 해당 부동산의 권리관계와 현황이 표기되어 있는 문서다. 2011년부터 등기사항전부증명서라는 이름으로 바뀌었지만, 여전히 등기부등본이라고 부르는 경우가 많다.

□ 해당 부동산의 지번, 건물번호, 건물면적 등의 정보(표제부)
□ 해당 부동산의 소유권에 대한 권리정보(갑구)
□ 해당 부동산의 소유권 외에 대한 권리정보 (을구)

따라서 등기부등본을 보면 이 부동산의 면적이 얼마 정도 되는지 알 수 있고, 과거부터 현재까지의 소유권이 어떻게 바뀌어왔는지를 알 수 있고, 소유권 외에는 어떠한 권리관계가 존재해왔고 현재 남아 있는지를 알 수 있다.

부동산 등기부등본에는 부동산의 기본정보, 소유권, 소유권 외 권리관계에 대한 정보가 있으며 건물의 분류에 따라 일반건물(토지등기, 건물등기) 혹은 집합건물(집합건물등기)로 나오기 때문에 등기부등본은 토지등기, 건물등기, 집합건물등기의 세 가지로 나뉜다고 할 수 있다.

집합건물로 분류되는 주택의 종류(집합건물등기로 나타남)

주택 중에서 집합건물로 분류되는 주택의 경우에는, 지어서 여러 명에게 분양하기 위한 목적인 경우가 많다. 대표적으로 아파트, 연립주택빌라, 다세대주택, 도시형생활주택, 주상복합아파트가 있다.

일반건물로 분류되는 주택의 종류(토지등기, 건물등기가 별도로 나타남)

대표적으로 단독주택, 다가구주택, 다중주택이 있다.

집합건물로 분류되는 주택이 아닌 부동산의 종류(집합건물등기로 나타남)

대표적으로 오피스텔, 지식산업센터(아파트형 공장), 레지던스, 생활숙박시설, 집합상가 등이다.

일반건물로 분류되는 주택 외 부동산의 종류(토지등기, 건물등기가 별도)
창고, 주유소 등의 상업시설들은 보통 일반건물로 분류된다.

(2) 등기부등본

등기부등본은 부동산 거래의 모든 과정에서 확인해야 하는 아주 중요한 법적 서류다. 등기부는 크게 표제부와 갑구, 을구로 구성된다.
대법원 인터넷등기소(http://www.iros.go.kr/)에서 열람 및 발급이 가능하다.

① 표제부

표제부는 토지, 건물의 표시에 관한 사항으로 표시란과 표시번호란으로 나뉜다. 표시란에는 부동산의 상황, 즉 토지의 소유권,

지번, 지목, 평수 등이나 건물의 소유지 종류, 구조, 건평 및 그 변경 사항을 기재하고 목적 부동산의 동일성을 표시한다. 그리고 표시번호란에는 표시란에 등기한 순서를 기재한다.

건물의 경우 표제부는 다음과 같이 표기한다. 등기를 함에 있어서는 1필의 토지 또는 1동의 건물에 대하여 1등기용지를 사용하는데 이를 1부동산 1등기용지주의라고 한다. 즉, 등기부는 권리의 객체인 1개의 부동산이 단위로 편성되어야 한다는 것을 의미한다.

[표제부] (건물의 표시)				
표시번호	접수 ⓛ	소재지번 및 건물번호	건물내역	등기원인
1 ⓐ	2023년 12월 25일	서울특별시 강남구 영동대로 22 ⓒ	철근콘크리트 ⓓ	ⓔ

ⓐ 표시번호: 등기한 순서를 숫자로 표시한다. 그런데 1, 2등의 숫자 외에 등기부에 1(전2)이라고 기재된 경우가 있는데 이는 구 등기부에서 현재의 등기부로 이기(옮겨 적음)하였다는 의미다.

ⓛ 접수: 등기신청서를 접수한 날짜를 표시한다.

ⓒ 소재지번 및 건물번호: 건물이 위치하고 있는 소재지 및 건물번호를 표시한다.

ⓓ 건물내역: 구조, 지붕, 층수, 용도, 면적 순으로 표시한다.

ⓔ 등기원인 및 기타사항: 표제부에 관한 등기원인 및 행정구역 명칭, 지번 변경 등의 사항을 표시한다.

대지권의 표시라는 내용은 집합건물에만 존재하는 개념이다. 대지권이란 대지(토지)에 대한 권리를 말한다. 대지권은 집합건물 소유자들이 공용으로 사용하고 있는 대지의 소유자별 지분 비율을 나타낸 표시라고 볼 수 있다.

② 갑구

갑구는 부동산 등기부에서 소유권에 관한 사항을 표시한 부분이다. 소유권 이외의 권리에 관한 사항을 기재하는 을구에 상대되는 개념으로, 을구 표제부와 함께 등기된 부동산의 권리관계를 알려주는 등기부의 핵심 내용이다. 사항란과 순위 번호란으로 나뉘는데, 사항란에는 대상 부동산의 소유권만을 표시하고 순위번호란에는 사항에 표시한 소유권을 등기소에 접수한 순서를 표시한다.

③ 을구

을구에는 소유권 이외의 권리 사항이 기록된다. 을구는 저당권이나 임차권 등 소유권 이외의 권리관계를 각각 기재하며, 다시 사항란과 순위번호란으로 나뉜다. 사항란에는 소유권 이외의 권리에 관한 사항을 기재하고 순위번호란에는 그 기재의 순서를 적는다.

　지금 당장 시작하는 패시브 인컴 만들기

(3) 건축물대장

건축물의 위치, 면적, 구조, 용도, 층수 등 건축물의 표시에 관한 사항과 건축물 소유자의 성명, 주소, 소유권 지분 등 소유자 현황에 관한 사항을 등록하여 관리하는 대장을 말한다. 건축물의 신축, 증축, 용도변경 등의 변동 사항을 정리해놓은 서류로, 건축물의 용적률과 준공 연도 등을 확인할 수 있고 만약 불법으로 건축된 건물이라면 위반 건축물로 표기되어 있다.

정부24(https://www.gov.kr/)에서 열람 및 발급이 가능하다.

(4) 토지대장

토지의 소재, 지번, 지목, 면적, 소유자의 주소, 주민번호, 성명 또는 명칭 등을 등록하여 토지의 상황을 기록한 장부다. 토지대장에는 고유번호와 토지 소재, 축척, 지목, 면적, 사유, 변동일자, 토지 등급, 개별공시지가 등이 기록되어 있다.

토지대장의 소유자 현황이 다른 경우 등기사항증명서 소유자가 우선하고, 토지대장과 등기부등본의 면적이 다른 경우 토지대장 내용이 우선한다.

정부24(https://www.gov.kr/)에서 열람 및 발급이 가능하다.

(5) 지적도

지적도는 '지적법'상 지적공부 중의 하나로 토지의 소재, 지번, 지목, 경계 기타 행안부령으로 정하는 사항을 등록한 도면이다. 토지의 모양과 경계에 대해 확인할 수 있다.

정부24(https://www.gov.kr/)에서 열람 및 발급이 가능하다.

(6) 토지이용계획확인서

해당 토지에 대한 지역, 지구 등의 지정 및 행위 제한에 관한 내용과 토지거래계약에 관한 허가구역 등에 대한 확인 서류다. 면적, 지목, 용도지역, 용도지구 등 토지에 관한 각종 규제와 허가된 용도를 확인해볼 수 있으므로 개발 가능성을 살펴보고 싶다면 확인해야 할 서류다.

토지이음(http://www.eum.go.kr/)에서 열람 및 발급이 가능하다.

(7) 부동산종합증명서

부동산종합증명서는 '일사편리'(https://www.kras.go.kr) 홈페이지에서 열람 및 발급이 가능하다.

국토교통부는 부동산 관련 18종 공부 서류를 부동산종합증명서로 통합했다.

26. 부동산 경매

(1) 한눈에 보는 경매 절차

납부소유권 취득
⇧
경매신청⇨배당요구종기⇨제1회매각기일⇦매각허가결정⇦매각대금납부⇨배당⇨명도
↑　　　　↑　　　　　↑　　　　　↑　　　⇩　↑　　↑
2개월이상　　2개월이상　⇩　1주　　1주　　1개월　1개월
　　　　　　제2회매각기일　　　　미납:재경매

경매절차: 7개월 이상 소요

낙찰 후 경매종료: 2~3개월

낙찰 후 명도: 2~3개월

채권자 경매신청

☐ 강제경매: 개인 간 채무를 불이행하는 경우 가압류권자나 임차인 등이 법원에 신청하는 경우

□ 임의경매: 담보권(저당권 등) 실행에 의한 경매. 주로 근저당권 자인 은행이 신청하는 경우

경매개시결정

법원이 경매 집행하는 데 문제가 없다고 판단하면 법률상 진행하기 위한 사전 조치로 경매개시결정을 내리고, 해당 부동산의 등기사항증명서 서류상에 부동산을 압류한다는 내용을 기록한다.

현황조사

□ 경매 집행관이 해당 부동산의 현황에 대해서 행하는 현장 조사

□ 임차보증금 및 임대차 기간, 주민등록 전입 여부, 확정일자 여부 등에 대해서 조사하여 보고서를 작성 후 공개

감정평가

법원은 감정평가사에게 물건 분석, 경매 물건 선별, 용도지역, 물건의 가치를 평가하여 감정평가서를 제출하게 한다.

배당요구종기

해당 물건에 대한 이해관계인들이 배당을 신청해야 되는 마감 일정이다. 배당요구종기일까지 배당요구신청을 하지 않으면 추후 매각이 완료되어도 배당을 받을 수 없다.

매각기일(입찰)

경매 매각이 진행되는 날이며, 1회 매각기일에 입찰자가 없는 경우 유찰이 된다.

매각결정

법원이 최고가 경매인에 대해 경매 부동산의 소유권을 취득시키는 집행 처분이다.

대금 납부

법원이 정하는 기일에 매수대금(경락대금)을 법원에 완납하는 과정이다.

배당

법적 순위에 따라 총 매각된 금액을 기준으로 배당을 신청한 이해관계인에게 배당금액을 나눠준다.

명도

해당 물건을 점유 중인 점유자(소유자 또는 임차인 등)을 내보내는 절차다. 통상 협상을 통해 진행하게 되며, 절차에 불응할 경우 법원에 인도명령(강제집행)을 신청해 내보낼 수 있다.

투자 목적이 아닌 실거주를 위해서라면 경매에 앞서 고려할 사항이 많다. 가장 관심을 둬야 할 부분은 일반 매매시장에서 집을 사는 것보다 준비 기간을 넉넉하게 가져야 한다는 점이다.

일반 주택의 경우 대부분은 잔금만 치르면 언제든지 입주할 수 있지만, 경매로 산 집의 입주에는 상당한 시간이 걸린다. 더구나 기존 세입자의 유치권 주장 등 예상외로 낙찰자들이 부딪치는 문제가 많기 때문이다.

새 주인에게 채권을 적극적으로 요구할 수는 없지만 채권이 해결되지 않으면 해당 부동산을 계속해서 점유할 권리가 인정되는 유치권은 허위 주장을 특히 조심해야 한다. 유치권 인정 사유 요건인 '해당 부동산의 점유지속'과 주장하는 채권과 해당 부동산과의 밀접한 관련성을 알아야 허위 주장을 가려내는 데 도움이 된다.

여러 차례 유찰돼 최저 입찰가가 크게 낮아졌다면 권리분석에 더욱 주의를 기울여야 한다. 일단 세 차례 이상 유찰됐다면 문제가 있는 경매 물건일 경우가 많다.

경매 주택의 매입 자금은 낙찰가격 외에 법무사 비용, 명도합의금 등의 부대비용도 감안해야 한다. 이때 대출금은 전체 투입 자금의 절반을 넘지 않는 게 좋다.

(2) 말소기준권리

가처분
소유권 이전 청구 가등기 (집을
내줘야하는 가등기)
전세권 (경매신청x. 배당요구x)
대항력 있는 임차인
유치권 (특수물건)

----------- 말 소 기 준 권 리 -------------

저당권
압류
전세권 (주택 점유, 경매신청 및
　　　　　배당요구 신청)
경매등기

경매에서 말소기준권리는 낙찰자가 인수하거나 소멸되는 권리를 말한다. 말
소기준권리를 정확하게 이해하지 못하면 보증금을 날리는 등 큰 손해를 볼
수 있다.
경매에서 말소기준권리보다 날짜가 앞서고 순서가 빠른 권리는 인수되고, 말
소기준권리보다 날짜가 뒤고 순서가 늦는 것은 소멸된다.

① 등기사항증명서상 권리분석

등기사항증명서상 권리분석은 경매 낙찰 후 인수되는 권리가 있는지를 확인하는 과정이다. 즉, 낙찰자가 부담해야 하는 추가 비용이 있는지 미리 알아보고 대응해야 한다. 여기서 중요한 것이 말소기준권리다. 말소기준권리란 7가지의 권리를 뜻하는 것으로 근저당, 저당, 가압류, 압류, 경매개시결정등기, 선순위 전세권, 담보가등기를 말한다.

최초로 설정된 권리가 말소기준권리라면 후순위에 있는 모든 채무는 지워지게 된다. 단, 다른 권리가 말소기준권리보다 선순위에 있다면 낙찰자가 인수해야 하는 권리가 된다. 등기사항증명서를 보고 을구에서 가장 먼저 말소기준등기를 찾는다. 말소기준등기로 인해서 낙찰자가 인수 및 소멸되는 권리가 발생되므로 이 과정을 정확하게 파악해야 한다(설정일이 가장 빠른 말소기준권리를 찾는다. 낙찰과 동시에 후순위는 모두 소멸).

쉽게 연습할 수 있는 방법은 아래와 같다.

□ 갑구, 을구를 기준으로 말소기준권리를 찾는다.
□ 가장 먼저 설정된 권리가 말소기준권리인지 여부를 확인한다 (가장 먼저가 아니라면 선순위 권리를 인수해야 하므로).
□ 말소기준권리의 70% 이상은 근저당권이다(말소기준권리는 공매, NPL 동일 적용).

이 과정을 대법원 경매사이트에서 물건을 찾아 연습한다.

② 권리분석 시 주의 사항

선순위에 아래의 등기가 먼저 설정되어 있다면 입찰이 위험한 물건이니 반드시 체크해야 한다.

- □ 1순위 소유권 청구 가등기(담보가등기: 말소기준권리에 의해 해당하여 말소 / 소유권 이전 청구 가등기: 낙찰 시 낙찰자가 인수)
- □ 1순위 가처분
- □ 선순위 전세권(미등기): 낙찰자 인수
- □ 법정지상권(등기부 미기재 사항)
- □ 유치권(등기부 미기재 사항)

경매를 준비 중이라면 권리분석 후 반드시 임장을 통해 유치권, 법정지상권 등을 확인해봐야 한다.

③ 단계별 권리분석

- □ 첫 단계: 말소기준권리 - 근저당, (가)압류, 담보가등기, 경매기

입등기, 전세권 등
- □ 두 번째 단계: 점유자 확인(소유자, 임차인)
- □ 세 번째 단계: 숨은 권리 찾기(유치권, 법정지상권, 분묘기지권)

④ 권리분석의 예시

첫 번째 예시

2017. 3. 1. 근저당

2017. 4. 1. 가압류

2017. 5. 1. 담보가등기

근저당, 가압류, 담보가등기 모두 말소기준권리에 해당한다. 여기선 가장 먼저 설정된 근저당이 말소기준권리가 된다.

두 번째 예시

2017. 3. 1. 가처분(갑구)

2017. 5. 1. 근저당

2017. 6. 1. 가압류

근저당과 가압류는 말소기준권리다. 먼저 설정된 2017. 5. 1. 근저당이 말소기준권리로, 후순위 권리는 모두 소멸하게 된다. 말소기준권리인 근저당보다 먼저 설정된 가처분은 말소기준권리에 속하지 않으므로 낙찰자가 인수해야 한다.

세 번째 예시

2018. 3. 1. 전세권(배당요구 없음)

2018. 5. 1. 가압류

2018. 7. 1. 가압류

말소기준권리인 가압류에 앞서 전세권이 설정되어 있다. 전세권은 전세권자가 해당 물건 전부를 점유하고, 배당요구 또는 경매를 신청한 경우 말소기준권리가 된다. 그러면 전세권을 기준으로 후순위는 전부 소멸하게 된다. 하지만 이 물건은 전세권자가 배당요구를 하지 않았으므로 전세권은 낙찰자가 인수하게 되는 것이다.

(3) 부동산 용어

① 가압류와 가처분의 차이

가압류와 가처분의 차이		
	가압류	가처분
목적	압류, 보전하고 변경을 금지하는 것	확정판결 전, 손해 방지를 위해 일시적으로 현상을 동결 또는 임시적 법률관계를 형성케 하는 것
주체	국가기관	국가기관

대상	채무자의 금전, 금전 환산 가능한 재산	비금전채권, 대상 제한 없음
효과	국가기관이 처분하지 못하게 강제함	해당물의 현상을 유지하는 것

가압류

가압류는 '금전채권'이나 '금전으로 환산할 수 있는 채권'의 집행을 보전할 목적으로 미리 채무자의 재산을 동결시켜 채무자로부터 그 재산에 대한 처분권을 잠정적으로 빼앗는 '집행보전제도'다.

금전채권이나 금전으로 환산할 수 있는 채권이란 매매대금, 대여금, 어음금, 수표금, 양수금, 공사대금, 임료, 손해배상청구권 등이다. 즉, 남한테 돈 받을 것이 있는 경우에 소송을 제기하고 강제집행을 실행하고 할 때 채무자가 재산을 처분하지 못하도록 하는 제도다.

가처분

금전채권 이외의 권리 또는 법률관계에 관한 확정판결의 강제집행을 보전하기 위한 집행보전제도다. 이는 ㉠ 다툼의 대상에 관한 가처분 ㉡ 임시의 지위를 정하기 위한 가처분으로 나뉜다.

즉, 부동산을 처분한 사람이 이를 다른 곳에 처분할 우려가 있을 때 이 부동산의 소유권을 가처분 제도를 통해 미리 확보하는 것이다.

마거릿 대처의 명언

생각을 조심하라. 왜냐면 그것이 말이 되기 때문이다.
말을 조심하라. 왜냐면 그것은 행동이 되기 때문이다.
행동을 조심하라. 왜냐면 그것은 습관이 되기 때문이다.
습관을 조심하라. 왜냐면 그것은 인격이 되기 때문이다.

한번 내뱉은 말은 다시 주워담을 수 없다.
당신이 말을 하고 다른 사람이 그것을 듣게 되면, 당신의 마음을 바꾸기에는
너무 늦어버리게 된다.

② 저당과 근저당의 차이

저당과 근저당의 차이		
구분	저당	근저당
정의	특정한 돈을 빌리거나 빌려줄 때 (부)동산을 채무의 담보로 잡거나 잡히는 것	최고액을 설정한 후, 불특정한 채권액을 계속적으로 거래 시, 이를 담보하기 위해 (부)동산을 채무의 담보로 잡거나 잡히는 것
공통점	- 담보 있음 - 담보물 처리 시, 채권자 우선변제	
차이점	- 부종성(변제 시 채권 존재 유무) - 채권액(특정 혹은 불특정한 액수의 차이)	

저당

집을 담보로 빌린 대출의 표시이며 담보금액만 등기한다.

근저당

집을 살 때 받은 대출이 있다는 표시이며 장래 이자까지 포함한 금액을 등기한다. 저당과의 차이는, 저당은 '담보금액'만 등기하지만 근저당은 '장래 이자까지 포함한 금액을 등기한다.

③ 대항력

임차인이 임차주택의 주인이나 제3자에게 임대차 계약 내용을 주장할 수 있는 법률상의 힘을 의미한다.

④ 우선변제권

임차주택이 경매로 넘어가게 될 경우 낙찰된 금액을 제3자보다 먼저 받을 수 있는 권리다.

⑤ 소액임차인 최우선변제권

보증금이 일정 금액보다 적은 경우 임차인이 선순위 권리자보다 우선하여 보증금을 변제받을 수 있는 권리로, 지역마다 금액이 다르다.

기준시점	지역	소액임차인 보증금 범위	최우선변제금
2023년 2월 21일 부터	서울특별시	1억 6,500만 원 이하	5,500만 원
	용인시, 세종시, 화성시, 김포시	1억 4,500만 원 이하	4,800만 원
	광역시, 안산시, 광주시, 파주시, 이천시, 평택시	8,500만 원 이하	2,800만 원
	그 밖의 지역	7,500만 원 이하	2,500만 원

⑥ 아파트 면적 구분

☐ 공급면적: 전용면적 + 주거공용면적
☐ 계약면적: 공급면적 + 기타공용면적
☐ 전용면적: 방, 거실, 주방, 화장실 등의 면적을 더한 것
☐ 주거공용면적: 아파트 계단, 복도 등의 면적을 더한 것

부동산 거래 시 공급면적과 전용면적이라는 용어가 있는데 아파트를 고르는데 중요한 요소가 된다. 전용면적은 우리가 실제로 거주하며 사용하는 공간의 넓이를 말한다. 공급면적은 전용면적과 주거공용면적을 합한 것으로 공동주택의 분양면적을 의미한다. 예를 들어 25평형, 34평형 아파트 등으로 표현되는 평수는 공급면적을 나타낸다. 또한 59㎡, 84㎡의 아파트는 0.3025를 곱하면 17.8평(25평형), 25.4평(34평형)이 된다.

아파트는 주택법에 따라 전용면적을 산정할 때 외벽의 내부선, 즉 벽의 안쪽 공간만을 산정한다. 오피스텔과 주상복합의 경우에는 건축법에 따라 외벽의 중심선을 기준으로 전용면적을 산정한다. 따라서 같은 전용면적이라도 주상복합의 전용면적 내부 공간은 아파트보다 작다.

아파트, 오피스텔 매수 시 분양면적을 면밀히 살펴야 한다. 아파트는 주거전용면적과 주거공용면적이 분양면적에 포함되나, 오피스텔은 기타공용면적까지 추가된다. 주거용 건물을 매수할 때는 우리가 실제로 거주하며 사용하는 전용면적이 큰 것을 선택한다.

⑦ 아파트 판상형, 타워형 구조 비교

구조	장점	단점
판상형	- 정사각 또는 직사각 모양으로 공간 효율 우수 - 창문이 마주 보고 있어 통풍, 환기 유리 - 일조량이 좋아 난방비 절약 가능 - 선호도가 높아 매매 유리	- 외관이 단조로움 - 동간 거리가 확보되지 않을 경우 사생활 침해 우려
타워형	- 건물 외관이 세련됨 - 건물을 고층으로 짓기 유리 - 거실과 작은방이 떨어진 경우가 많음 - 건폐율, 조망권 확보에 유리	- 맞통풍이 되지 않아 환기에 아쉬움 - 정남향보다는 남서향, 남동향이 많음 - 공간 활용도가 아쉬움

예전에 아파트는 일조권이 좋은 남향 배치와 통풍이 잘되는 판상형이 많았다. 그러나 요즘은 한정된 토지에 세대수를 늘리며 용적률을 높이고 외관을 세련되게 하기 위해 타워형이 늘어났다.
따라서 근래 아파트 분양 카탈로그를 보면 타워형 타입이 많고 판상형 타입은 적다. 아파트 매수는 판상형 타입을 권유한다.

⑧ 평수 쉽게 구하는 방법

1 평
(3.3058㎡)
(1.818m×1.818m)

100평
(330.58㎡)
(18.181m×18.181m)

10평
(33.058㎡)
(18.181m×1.818m)

간단하게 쉬운 계산법이 있다. 제곱미터(㎡)로 표시된 숫자의 끝

지금 당장 시작하는 패시브 인컴 만들기

자리 수가 5보다 작으면 잘라 버리고, 5 이상이면 반올림하여 3을 곱하면 된다.

끝자리 수가 5 미만인 경우

□ 122 제곱미터(㎡): 12 × 3 = 36평(坪)

□ 191 제곱미터(㎡): 19 × 3 = 57평(坪)

□ 2,700 제곱미터(㎡): 270 × 3 = 810평(坪)

끝자리 수가 5 이상인 경우

□ 87 제곱미터(㎡): 9 × 3 = 27평(坪)

□ 178 제곱미터(㎡): 18 × 3 = 54평(坪)

□ 3,125 제곱미터(㎡): 313 × 3 = 939평(坪)

이 계산법의 산술적 원리는, 3.3으로 나누는 것이 3을 곱한 후 10으로 나누는 것과 거의 같은 계산이기 때문이다.

사람을 이기려 들지 말자!
이겨서 듣는 건 원망이고, 이겨서 남는 건 외로움밖에 없다.
세상을 이기려 들지 말자!
이겨서 듣는 건 욕이고, 이겨서 남는 건 상처밖에 없다.
인생살이는 이기는 것이 지는 것이고, 지는 것이 이길 때가 있으니 이 또한 세상의 이치다. 우리 인생은 행복과 불행, 그리고 부자와 가난을 선택해서 태어나지 않았다. 힘든 세월 살아가면서 모두가 마음먹기에 달렸다.

남편 때문에 못 살겠다고 하지만, 남편 없이 혼자 사는 사람에게는 남편의 존재가 무척 크게 느껴질 때가 많다.
직장 생활이 힘들다고 하지만, 직장 없는 사람에게는 직장 다니는 사람이 무척 부러울 때가 많다.
인생을 긍정적으로 바라보고 남의 말을 좋게 하자. 세상이 아름다운 것은 배려가 있기 때문이고, 삶이 아름다운 건 미소와 여러분 친구가 있기 때문이다.

(4) 경매 용어

채권자

돈을 빌려준 사람을 말한다. 경매에서 채권자는 금융기관, 건물의 임차인, 개인적으로 돈을 빌려준 사람 등을 의미한다.

채무자

부동산을 담보로 돈을 빌린 사람이나 보증금을 받고 되돌려주지 않는 임대인을 말한다.

대항력

주택 임차인이 임차한 주택을 인도받고 주민등록을 마치면 그다음 날부터 그 주택의 소유자가 바뀌더라도 보증금을 전액 돌려받을 때까지 그 주택을 비워줄 필요가 없는 것을 말한다.

즉, 임차권을 가지고 대항할 수 있으며, 이 힘을 주택 임차인의 대항력이라 한다. 그런데 대항 요건을 갖추기 전에 선순위 권리가 있었다면 대항력은 인정되지 않는다.

우선변제권

대항 요건(주택의 인도, 주민등록)과 주택임대차 계약서상에 확정일자를 갖춘 주택이 경매 또는 공매될 경우 임차주택의 환가 대금에서 후순위 담보권자나 기타 채권자에 우선하여 보증금을 변제받을 수 있는 권리다.

대위변제

제3자 또는 공동채무자의 한 사람이 채무자를 위하여 채무자의 빚을 대신 갚아주는 것을 말한다.

근저당 다음에 있는 임차인이 부동산 주인을 대신해 빚을 갚고 근저당을 말소함으로써 자신은 대항력을 갖춘 선순위임차인이 되기도 한다.

임의경매

저당권, 전세권, 유치권 등 담보물권에 의해 실행되는 경매를 말하며, 이 담보권자가 스스로 담보물을 취하여 환가하고 그 대금으로부터 피담보채권의 변제를 받는 제도다.

강제경매

확정된 이행판결, 확정된 지급명령, 화해조서, 조정조서, 공증된 금전채권 문서 등의 집행권원을 가지고 있는 채권자가 채무자 소유의 부동산이나 동산을 압류한 후 경매를 진행하여 변제받는 제도다.

최저매각가격

감정평가 법인이 평가한 가격을 기준으로 경매신청한 물건을 최소 이 정도 가격에는 팔아야 한다는, 법원이 결정한 가격을 말한다. 경매에서 사겠다는 사람이 없는 경우(새 매각)에는 20~30% 정도 내려간 가격이 최저매각가격이 된다.

일괄매각

법원은 경매 대상이 되는 여러 개의 부동산이 위치나 형태, 이용 등을 고려하여 하나의 집단으로 묶어 매각하는 것이 알맞다고 판단될 때나 이해관계인의 요구에 따라 일괄하여 매각할 수 있다.

소제주의

낙찰인이 낙찰받고 나면 부동산에 존재하는 모든 부담이 소멸되고 완전한 소유권을 취득한다는 의미다.

인수주의

낙찰에 의하여 모든 부담이 소멸되지 않고 낙찰자가 부담해야 하는 것으로, 민사소송법은 소제주의를 원칙으로 하지만 예외적으로 인수주의를 취한다. 저당권, 담보가등기, 가압류는 순위에 상관없이 모두 말소되고 그 이후 후순위의 모든 권리는 소멸한다. 그러나 1순위 저당권, 담보가등기, 가압류에 앞서 지상권, 지역권, 전세권 그리고 대항력 있는 임차권은 소멸되지 않고 낙찰자가 부담해야 한다. 그리고 법정지상권과 유치권도 인수될 수 있다.

말소기준권리

최고가매수인이 낙찰대금을 완납하면 낙찰 부동산의 소유권을 취득하게 되는데, 소유권이전등기를 하면서 어떤 권리들은 말소가 되고 또 어떤 권리들은 낙찰자가 그대로 인수해야 한다. 이때 말소와 인수의 기준이 되는 권리를 말소기준권리라고 한다.

말소기준권리가 될 수 있는 권리는 근저당권, 저당권, 압류, 가압류, 담보가등기, 강제경매개시결정등기와 경우에 따라서 전세권도 인정되며, 이 권리 중 등기사항증명서상에서 등기 일자가 가장 빠른 권리로 보면 된다. 통상 말소기준권리보다 빠르면 선순위 권리로 인수해야 되며, 말소기준권리보다 늦으면 후순위 권리로 소멸된다. 말소기준권리를 판단하는 건 권리분석을 하는 데 있어 가장 중요하다고 할 수 있다.

낙찰(경락) / 매각

1993년 부동산에 대해 법원 경매가 호가제에서 입찰제로 바뀌면서 경락이라는 용어 대신 낙찰이 정식 용어이나 2002년 민사집행법이 제정되면서 현재는 매각으로 바뀌었다.

낙찰은 입찰에 참여한 사람 중에서 가장 최고가액을 적어낸 사람이 계약 당사자가 되는 것을 의미한다.

압류

확정판결이나 기타집행권원에 의해 강제집행을 하기 위한 수단으로, 가압류처럼 소송 후 경매를 실행하는 것과 달리 소송을 하지 않고 바로 경매에 들어갈 수 있다.

가압류

금전채권을 위하여 소송을 제기하고 강제집행을 할 때 소송 기간 동안 채무자가 재산을 은닉하거나 도피하지 못하게 해놓는 것이다.

가처분

각종 청구권을 가지는 채권자가 장차 집행보전을 위하여 현재의 상태대로 현상을 고정할 필요가 있을때 제3자에게 양도하는 등의 처분을 금지시키는 것을 말한다. 이때 가처분 처리가 안 되면 제3자에게 처분했을 때 제3자는 부동산 반환 의무가 없어 돌려받지 못한다.

가등기

가등기는 등기의 순위보전을 위해 먼저 하는 예비등기를 의미한다. 가등기만으로는 등기로서의 효력은 생기지 않으며, 본등기를 하면 그 본등기의 순위가 가등기의 순위에 의해 정해지는 것이다.

변경

경매 진행 절차상 중요한 새로운 사항이 추가되거나 권리가 변동하여 지정된 경매기일에 경매를 진행시킬 수 없을 때 경매기일을 변경하는 것이다. 채무자가 채무를 갚겠다는 의사를 보이면 채권자가 경매기일 연기신청을 할 수 있으며 법원에서 받아들일 수 있다.

취소

채무를 변제하는 등의 이유로 경매개시결정 자체가 취소되는 것이다.

취하

경매를 신청한 채권자가 경매신청 행위를 철회하는 것으로 더이상 경매가 진행되지 않고 종결된다.

유찰

유찰은 경매를 할 때 응찰하는 사람이 없어서 무효 처리가 되고 낙찰되지 못하는 상황을 말한다. 유찰은 권리가 안 좋거나 가격이 시세보다 비쌀 때 발생하며, 다음 매각기일로 넘어가게 되며 다음 입찰 때는 최저매각가가 보통 20~30% 깎인 가격으로 내려가게 된다.

현황조사보고서

법원은 경매개시결정을 한 뒤 집행관에게 부동산 점유관계 및 차임 대출, 임대차보증금 등 현황을 조사하여 이를 작성하고 법원에 제출하여 누구나 볼 수 있게 한다.

매각물건명세서

법원이 부동산의 표시, 점유자의 권원, 점유할 수 있는 기간, 차임, 보증금에 관한 관계인의 진술 등을 작성해놓는 서류다. 매각기일 1주일 전까지 법원에 비치하여 누구든지 볼 수 있도록 하고 있다.

토지별도등기

토지에 건물과 다른 등기가 있다는 것으로, 집합건물은 토지와 건물이 일체가 되어 거래되는데 토지에는 대지권이라는 표시만 있고 건물을 짓기 전에 토지에 저당권 등 제한물건이 있는 경우 토지와 건물의 권리관계가 일치하지 않게 된다. 이때 건물등기 기록에 '토지에 별도의 등기가 있다'라는 표시를 하기 위한 것이다.

대지권미등기

원래 대지사용권이 없으면 낙찰 후 대지권을 취득할 수 없지만, 미등기 집합건물에 대하여 경매신청이 있는 경우 대지사용권을 매각목적물에 포함되는 것으로 보고 그에 대한 감정평가액을 최저매각가격에 포함시켰다면 문제없는 것으로 본다.

대지사용권은 원칙적으로 전유부분 건물의 종된 권리로 단순한 절차 미비로 대지지분이 미등기되어 있는 경우라면 대금을 납부하면 대지지분의 소유권 이전이 가능하기 때문이다.

다만 신도시지역의 대지권미등기의 경우 분양대금 미납분에 따라 추가적으로 금액을 부담해야 하는 경우도 있으니 주의해야 한다.

차순위매수신고

최고가 입찰자 이외의 입찰자 중에서 최고가 입찰액에서 보증금을 뺀 액수보다 높은 가격으로 응찰한 사람은 차순위 매수신고를 할 수 있다.

최고가 입찰자의 사유로 낙찰이 불허되거나 낙찰대금을 납부하
지 않을 경우 다시 입찰을 하지 않고 바로 차순위 매수신고자에
게 낙찰을 허가해준다.

(5) 경매의 종류

① 임의경매

임의경매란 근저당 또는 전세권 등의 담보권실행을 위한 경매다.
담보권실행이란 담보권자(돈을 빌려준 사람)가 우선변제를 받을 수
있게 하기 위하여 실행하는 것으로, 채무자(돈을 빌린 사람)가 약속
된 변제일까지 돈을 갚지 못하면 그 소유의 부동산을 처분하여 채
무를 변제하는 데 써도 좋다는 뜻의 합의다.

근저당 또는 전세 담보권을 설정한 경우로, 실제로 약속기일까지
돈을 갚지 않으면 별도의 재판 없이 곧바로 법원에 처분신청을 할
수 있다. 법원은 저당권 또는 전세권 등의 권리가 존재하는지를 확
인하고 경매를 결정한다.

② 강제경매

부동산 소유자가 대출 또는 기타 금융 의무를 이행하지 못하여 채권자의 신청에 의해 결정되는 것으로, 목적 부동산을 압류하며 다음에 경매기일을 정하여 경매를 실시한다. 경락기일에 관계인의 진술을 들은 다음 그 경락의 허가 여부를 결정하게 되며, 경락허가결정이 확정되면 대금의 지급 및 배당요구를 한 각 채권자에 대한 배당기일을 정하여 배당절차를 진행한다. 경매에 의해 취득한 부동산은 소유권 등기를 하지 않아도 효력이 발생한다.

③ 형식적경매

공유물 분할을 위한 경매, 청산을 위한 경매, 유치권실행을 위한 경매, 타인의 권리를 상실시키는 경매, 자조매각, 단주경매 등이 있다. 경매 진행에 관해서는 임의경매 방식을 준용하고, 실질적경매와는 차이가 있다. 앞서 말한 채권자의 채권보전을 위한 경매가 아닌 경매가 이에 해당한다.

(6) 부동산 경매 절차

경매가 접수되면 경매개시결정이 나고, 채권자와 채무자에게 경매개시결정의 결정문이 송달된다.

개시결정 2일 후 경매 부동산의 이해관계인에게 경매 사실을 통지(우편으로 알림)하고 배당요구종기일(받아야 할 돈이 있음을 요구할 수 있는 마지막 날)의 최고(최종적으로 알림)와 공유자(공동소유자)에 대한 우선매수권(먼저 살 수 있는 권리)의 통지, 집행관과 감정인에게 부동산에 대한 조사 및 감정을 명령하게 된다.

공고(Notice of Sale)

공고에서는 경매 일정 및 위치가 공고되며, 관심 있는 구매자들에게 알림이 전달된다.

입찰(Bidding)

권한 법원에서 물건의 목록과 명세서를 확인한 후 입찰표에 사건번호, 입찰자 성명과 주소, 입찰가, 물건번호, 보증금액 등을 작성한다. 입찰표를 제출하면서 매수신청보증으로 최저 매각 예정가액의 10%를 현금, 수표, 경매보증보험증권 등으로 함께 제출한다.

낙찰(Winning Bid)

최고 금액을 적은 매수신고인을 낙찰자로 하고, 낙찰자가 매수포기를 했을 경우를 대비하여 차순위 매수신고인을 선정한다. 유찰된 건에 대해서는 기일 종료를 선언하고 참가자들에게 매수신청보증금을 반환하며 마감된다.

지불(Payment)

낙찰자는 경매 대금을 경매주최자 또는 관리 기관에 정해진 기일까지 지불한다.

소유권 이전(Title Transfer)

낙찰금액 지불이 마무리되면 낙찰자에게 소유권이 이전된다.

(7) 경매 배당 순서

경매 배당 순서	
배당 순위	내용
1순위	- 강제징수 시의 강제징수비 - 강제집행, 경매, 파산 절차에 소요된 비용(공익비용)
2순위	- 주택임대차보호법과 상가건물 임대차보호법에 의한 보증금 중 최우선변제금액 - 근로기준법에 의해 우선하여 변제되는 최종 3개월분 임금 - 퇴직급여보장법에 의환 최종 3년분 퇴직금 - 재해보상금 전액
3순위	- 당해재산에 부과된 조세(재산세, 종합부동산세, 상속세, 증여세, 지역자원시설세, 지방교육세: 재산세에 부과된 것), 자동차세 및 가산금 - 다만, 법정기일 전에 등기 또는 확정일자 요건을 충족한 전세권 또는 임대차보증금 반환금액은 해당 재산에 대하여 부과된 국세보다 우선하여 징수할 수 있다.
4순위	- 1순위, 2순위 이외 저당권 등 일반채권과 일반조세는 법정기일을 기준으로 결정

(8) 경매 배당 순위

1순위

경매 집행비용

2순위

필요비 및 유익비

3순위

최우선변제권(주택임대차보호법에 의한 소액보증금 및 근로기준법에 의한 근로자 임금채권)

4순위

당해세(경매목적물 자체에 부과된 상속, 증여, 재평가세 등의 국세와 재산세, 종합토지세 등의 지방세와 가산금)

5순위

우선변제권(국세 및 지방세의 법정기일 전 등기된 저당권, 전세권에 의한 담보채권 및 전입신고 및 확정일자를 갖춘, 대항력 있는 임차인의 선순위 임차권)

6순위

2순위 임금채권을 제외한 일반 임금채권

7순위

일반 조세채권(소유자에 대한 국세 혹은 지방세 및 이에 관한 체납처분비, 가산금 등의 일반 조세채권)

8순위

공과금(국민건강, 국민연금, 고용보험, 의료보험료 등)

9순위

일반채권(가압류, 가처분 등)

경매 입찰 시 유의 사항

㉠ 입찰 전에 '대한민국 법원 경매정보' 사이트에 접속하여 경매 사건을 검색하자.

㉡ 경매 감정가는 시점에 따라 들쭉날쭉 다르기 때문에 감정가를 맹신하지 말자.

㉢ '매각물건명세서'를 참조하고 말소기준권리 위에 설정된 권리를 검토하자.

㉣ 권리상의 문제는 없는 지분 물건에 대해 알아보자.

㉤ 부대비용(강제집행비용, 임차인 이사비)을 고려하자.

㉥ 현장에 답이 있으니 임장을 반드시 하자.

㉦ 대위변제(임차인이 채무자 대신 근저당 금액을 갚아 대항력을 확보하는 것)에 주의하자.

㉧ 변경, 연기가 잦은 물건은 채무자가 돈을 갚으려는 물건이기 때문에 흘려보내자.

---

(9) 매각물건명세서

경매 입찰 전 반드시 봐야 할 서류 중 하나가 매각물건명세서다. 우선 매각물건명세서란 부동산의 표시, 부동산의 점유자와 점유의 권원, 점유기간, 차임 또는 보증금 등에 관한 물건명세서를 작성하고 이를 경매기일의 일주일 전까지 법원에 비치하여 일반인이 열람할 수 있도록 작성해놓은 것이다.

권리분석을 할 때 말소기준권리, 현장조사, 매각물건 명세서를 합쳐서 하게 된다. 그만큼 매각물건명세서는 권리분석 시 반드시 분석해야 될 사항이다. 경매 입찰기일 일주일 전에 법원에서 공개하며, 최선순위설정일자와 인수권리가 표시되어 있다.

서울서부지방법원
2023타 경54459
매각물건명세서

사건 ㉠	2023타 경54459 부동산임의경매 ㉡	매각 물건 번호	1	작성 일자	2023. 12. 25.	담임 법관 (사법 보좌관)	이종남
부동산 및 감정평가액 최저매각가격 의 표시	별지기재와 같음 ㉢	최선 순위 설정	2022. 3. 3. 근저당 ㉣			배당 요구 종기	2023. 11. 11.

부동산의 점유자와 점유의 권원, 점유할 수 있는 기간, 차입 또는 보증금에 관한 관계인의 진술 및 임차인이 있는 경우 해당요구 여부와 그 일자, 전입신고일자 또는 사업자등록신청일자와 확정일자의 유무와 그 일자

점유 자의 성명	점유 부분	정보 출처 구분	점유의 권원	임대차기간 (점유기간)	보증 금	차임	확정 일자	배당 요구 여부
조사된 임차내역 없음 ㉤								

최선순위설정일자보다 대항 요건을 먼저 갖춘 주택, 상가건물 임차인의 임차보증금은 매수인에게 인수되는 경우가 발생할 수 있고, 대항력과 우선변제권이 있는 주택, 상가건물 임차인이 배당요구를 하였으나 보증금 전액에 관하여 배당을 받지 아니한 경우에는 배당받지 못한 잔액이 매수인에게 인수되게 됨을 주의하시기 바랍니다.

등기된 부동산에 관한 권리 또는 가처분으로 매각으로 그 효력이 소멸되지 아니하는 것
해당사항 없음 ㉥
매각에 따라 설정된 것으로 보는 지상권의 개요
해당사항 없음 ㊀
비고란 ◎

ⓖ 사건: 사건번호가 기재되어 있다.

ⓝ 매각물건번호: 물건번호를 확인할 수 있다(물건번호 있는 사건은 반드시 물건번호를 써야 유효한 입찰이 된다).

ⓒ 최선순위설정: 말소기준권리 설정일자를 의미한다.

ⓡ 배당요구종기: 배당요구종기일이 언제까지였는지 표시되어 있다.

ⓜ 계약관계에 대한 내용: 임차인이 있다고 한다면 임차인이 언제부터 거주했는지, 보증금이 얼만지 등 계약관계에 대한 내용이 표시되어 있다.

ⓗ 말소기준권리 외에 낙찰자에게 인수되는 권리가 표시되어 있다(가처분, 가등기, 지역권, 지상권, 전세권 등).

ⓢ 토지 위에 매각에서 제외되는 법정지상권, 분묘기지권 등이 표시되어 있다.

ⓞ 비고란: 유치권, 위반 건축물, 대지권미등기, 공유자 우선매수 신고, 농지취득자격증명 등이 표시되어 있다.

(10) 현황조사서

현황조사서는 집행관의 임장 보고서다. 현장조사서에는 법원에서 집행관을 보내 해당 경매 물건에 대해 현재 상태를 조사한 내용이 담겨 있다.

① 기본정보

기본정보 칸에는 해당 물건의 현재 상황에 대한 기본적인 정보가 기재되어 있다.

- □ 사건번호: 경매 사건의 이름과 같은 것이다.
- □ 조사일시: 집행관이 조사한 날짜와 시간
- □ 부동산 임대차 정보: 해당 물건에 살고 있는 임차인 정보

② 부동산 현황 및 점유관계 조사서

소재지, 점유관계, 기타 사항 항목을 보면 된다. 임차인 내역과 기타 사항 항목을 자세히 보면 해결하는 데 도움이 된다.

③ 임대차관계 조사서

임대차 계약관계 내용을 통해 점유자의 정보와 점유 기간, 전세

금, 차임, 전입일자, 확정일자 등을 확인할 수 있다.

이와 같이 현황조사서에는 권리분석에 꼭 필요한 임차인과 점유자에 관한 내용이 포함된다. 경매가 개시되면 법원은 집행관에게 현황조사를 명하고, 이에 따라 집행관은 현장을 방문하여 부동산의 현황이나 점유관계 등을 조사하게 된다. 만약 현황조사서에 '임차관계 미상'이나 '주민센터 확인 안 됨'이라는 문구가 있다면 반드시 입찰자가 스스로 더 알아보아야 한다. 경매 부동산의 점유관계에 대한 확인은 철저히 입찰자의 몫이기 때문이다. 그러므로 현황조사서 역시 참고 자료로만 활용하는 것이 좋다.

(11) 전입세대 열람 확인

전입세대 열람에 관련된 법 조항은 주민등록법 시행규칙 제14조(주민등록 전입세대의 열람)에서 찾아볼 수 있다. '전입세대의 열람'을 통해 대상 주택에 현재 주민등록이 되어 있는 사람의 전입 시기와 몇 세대가 있는지 등을 알 수 있다.

전입세대 열람은 주로 경매 참가, 감정평가업자 등의 임차인 실태 확인, 은행 등 금융회사가 담보 주택 근저당설정 바로 전에 선순위 임차인이 있는지 확인하기 위해 신청한다.

내용	경매 참여용 전입세대 열람 발급
발급기관	전국 시, 군, 구청 및 주민센터
수수료	소액
준비물	매각일시, 물건지가 나온 공고문 또는 출력물(대법원 경매 자료, 유료 경매 사이트), 본인 신분증, 신청서
기타 내용	신청서의 용도 및 목적은 '법원 경매 입찰', 증명자료는 '경매지'로 기재한다. 세대합가 등을 확인하기 위해서 동거인 포함, 말소사항 포함으로 발급 요청한다.

부동산 경매 홈페이지를 통해 말소기준권리나 임차인 현황을 상세하게 확인할 수 있지만 등기부등본, 전입세대 열람, 현장조사 등의 확인을 통해 낙찰자가 좀 더 확인해볼 필요가 있다.

(12) 경매 물건 검색하는 방법

① 공식 법원 사이트 이용하기

공식적인 방법은 법원 사이트를 이용하는 것이다.

주소는 https://www.courtauction.go.kr/이다. 말 그대로 법원에서 운영하는 사이트지만 아쉽게도 기본적인 것들만 확인이 가능하다.

등기부등본도 볼 수 없고, 지도를 바로 볼 수도 없고, 권리분석도 해주지 않는다. 경매를 하는 분들 중에서 법원 사이트만 이용하는 분은 없다. 간혹 얻은 정보를 더 정확히 확인하기 위해 확인용으로는 가끔 이용하지만, 이곳에서는 우리가 원하는 정보를 제대로 얻을 수 없기에 이런 사이트가 있다는 것 정도만 알면 될 것 같다.

② 유료 경매사이트 이용하기

이미 탱크옥션, 스피드옥션과 같이 많은 유료 경매 사이트들이 있다. 유료 결제 사이트 이용을 추천하는 이유는, 빠른 시간에 많은 물건을 검색하기 위해서다.

하루에 수십 개, 수백 개 물건을 검색하다 보면 패턴이라든지 흐름을 볼 수 있다. 어느 정도 물건이 어느 정도의 가격인지, 이 정도면 얼마나 유찰되고 낙찰가가 얼마가 될지 예상을 할 수 있다.

검색을 하는 것에 익숙해져야 한다. 100개쯤 검색을 하면 그중 1개 정도는 실제로 내가 입찰해볼 만한 물건을 볼 수 있다.

  □ 옥션원: https://www.auction1.co.kr/
  □ 지지옥션: https://www.ggi.co.kr/
  □ 스피드옥션: http://www.speedauction.co.kr/

③ 경매 정보지를 이용하기

　내가 보는 경매정보지 홈페이지는 '오늘의 신건'이라는 기능을 가지고 있다. 즉, 오늘의 신건을 누르면 정확히 14일 뒤 신건 매각기일이 있는 물건을 검색해볼 수 있는 유용한 기능이다.

(13) 경매와 공매의 비교

구분	경매	공매
적용법	민사집행법	국세징수법
집행 기관	법원	한국자산관리공사(캠코)
입찰 장소	법원 경매법정	온비드(인터넷)
매각 방법	입찰	입찰 또는 수의계약
대금 납부	일시불	분할납부 가능(최장 5년)
가격 인하율	20%	10%
사전점유	사전점유 불가능	사전점유 가능
계약자 명의 변경	명의 변경 불가능	명의 변경 가능
명도책임	낙찰자	낙찰자 또는 캠코
토지거래허가	면제	허가 필요
농지취득자격증명	증명 필요	증명 필요
소유권취득	경매 낙찰금액 완납 후	매매대금 일부 납부가능

(14) 경매 법원별 유찰 저감률

① 경매 유찰이란

경매가 처음 진행할 때 나온 가격을 1차 최저 경매가격 혹은 법사가격이라고 하고 입찰자가 아무도 없어서 경매 일정이 다음 매각기일로 넘어가는 걸 유찰이라고 한다.

아무도 입찰을 안 해서 유찰이 되면 유찰 저감률 20~30%가 저감되어서 그 가격이 최저 입찰가격으로 경매가 진행된다. 각 법원마다 이 유찰 저감률이 다르니 유찰되어서 다음 입찰 시 저감된 최저 입찰가격 이상으로 입찰가격을 써야 하며 이보다 낮게 쓰면 무효가 된다.

② 법원별 유찰 저감률

경매 유찰 저감률이 법원마다 다르게 적용된다. 처음 부동산 매물이 경매에 나올 때 법원에서 감정평가 기관에 의뢰해서 최초의 감정가격, 즉 법사가격이 결정된다.

법원별 저감률		
지역	지방법원	저감률
서울지역	중앙, 동부, 서부, 남부, 북부지방법원	**20%**
의정부지방법원	의정부법원, 고양지원	30%
수원지방법원	수원지법, 안산, 성남, 여주, 평택, 안양지원 (20%)	30%
인천지방법원	인천지법, 부천지법	30%
대전지방법원	대전지법, 천안, 공주, 서산, 홍성지원, 논산지원 (20%)	30%
춘천지방법원	춘천지법, 원주, 강릉, 속초, 영월지원	30%
부산지방법원	부산지법, 동부, 서부지원	**20%**
대구지방법원	대구지법, 경주, 김천, 상주, 의성, 영덕, 안동, 포항, 서부지원	30%
광주지방법원	광주지법, 목포, 순천, 해남지원, 장흥지원 (20%)	30%
청주지방법원	청주지법, 충주, 제천, 영동지원	**20%**
창원지방법원	창원지법, 거창, 밀양, 진주, 마산지원, 통영지원 (30%)	**20%**
전주지방법원	전주지법, 남원, 군산, 정읍지원	30%
울산지방법원		30%
제주지방법원		30%

지금 당장 시작하는 패시브 인컴 만들기

27. 부동산 종류별 장단점과 노하우

(1) 단독주택

한 개인이 소유한 건물에 한 세대만 사는 주택을 단독주택이라한다. 한 건물에 한 세대만 살기 때문에 층간소음의 걱정이 없으며, 외부의 간섭을 받지 않는다. 마당이 있는 단독주택의 경우에는 휴식 공간으로 활용하거나 반려동물 공간으로 활용하는 등의 공간 활용이 용이하다. 또한 건물 내·외관의 변경에 대해 동의를 받지 않아도 되기 때문에 건폐율과 용적률 내에서 자유롭게 변경이 가능하다.

하지만, 직접 관리해야 한다는 점에서 공동주택보다 주택의 유지 및 관리에 인력이나 비용이 더 소요된다. 집의 시설관리, 보안 등을 직접 해야 한다는 단점이 있다.

① 다중주택

다중주택은 단독주택의 범주에 포함된 주택의 형태로 연면적 660㎡ 이하이며, 3층 이하인 단독주택형 주거용 건축물이다. 직장인이나 학생 등 1인 가구가 장기간 거주할 수 있도록 독립된 공간을 제공하는 주택이다.

여러 호실을 포함한 다중주택 1개 동을 소유했다고 하더라도 1가구 1주택에 해당하며, 수익형 부동산에 포함되어 주로 노후에 많이 투자하는 물건이다. 욕실은 설치할 수 있지만, 개별 취사시설을 설치할 수 없으며 공간이 협소해서 생활공간을 충분히 확보해야 한다.

② 다가구주택

한 개인이 소유한 건물에 여러 세대가 사는 주택을 말한다. 세대별로 현관문이 달라야 한다.

한 건물의 총 바닥면적이 660㎡ 이하이고, 3층 이하 19세대 이하의 주택이다. 소유자가 한 사람이기 때문에 인테리어 시 자유롭게 변경할 수 있다. 세대수가 많고 임대 금액이 높으면 수익률이 높다.

하지만, 한 건물에 여러 세대가 살기 때문에 층간소음의 우려가 있으며 집주인이 관리 및 유지해야 한다. 별도의 관리업체를 두지 않는다면 집주인이 직접 관리해야 하는 번거로움이 있다.

(2) <u>공동주택</u>

건물의 소유주가 호수별로 한 명이며 세대별 구분등기가 가능하다.

① 다세대주택

1개 동의 바닥면적 합계가 660㎡ 이하이고, 층수가 4개층 이하인 주택이다. 대지권을 많이 받을 수 있기 때문에 재개발, 재건축을 염두에 두고 사는 사람들이 많은 편이다. 한 건물에 여러 세대가 살기 때문에 층간소음의 우려가 있으며, 옆 동과의 거리가 가깝기 때문에 외부 간섭에 대한 스트레스가 발생할 수 있다.

다세대주택은 별도의 관리주체가 없는 경우가 많으며, 대부분 건물 내 주민 간 협의로 관리한다. 아파트와는 달리 각 동, 세대별로 구조와 넓이가 다른 경우가 많아서 각 세대의 가격을 정확히 알아보기 어렵다는 단점이 있다.

② 연립주택

1개 동당 바닥면적의 합계가 660㎡를 초과하는 4개 층 이하의 주택을 말한다. 아파트보다 소규모 토지에 이용하여 건축비를 절감할 수 있으며, 가격이 싸고 관리비도 저렴하다. 보안은 아파트보다 취약하며, 선호도나 환금성 또한 낮다.

③ 아파트

한 건물의 층수가 5층 이상인 공동주택을 말한다. 쓰레기 분리수거장과 주차장 또는 지하주차장을 제공하며 고가 아파트의 경우 다양한 커뮤니티 시설을 제공한다. 관리사무소가 존재하며, 관리비를 내고 관리를 받는다. CCTV와 경비가 있기 때문에 안전하다. 아파트 또한 층간소음의 우려가 있다. 복도식 아파트의 경우 여러 이웃을 마주하게 되고, 통행에 제한을 받는 등의 단점이 있다.

④ 오피스텔

오피스(office)와 호텔(hotel)의 합성어로, 낮에는 업무를 주로하고 저녁에는 개별실에 일부 숙식할 수 있는 공간을 만들어 호텔

분위기가 나도록 설계한 형태의 건축물이다.

상업용, 주거용으로 사용할 수 있다. 주거용 오피스텔의 경우 보통 '풀옵션'인 경우가 많다. CCTV와 경비실이 있기 때문에 안전하며, 주위 편의시설이 잘되어 있으나 한 건물에 여러 세대가 산다는 특성상 층간소음의 우려가 있다.

보통 건물의 입지가 상업지구에 근접하기 때문에 저층의 경우 외부 소음도 고려해야 한다. 오피스텔의 경우 건물 관리업체가 별도로 있으며, 관리비 또한 비싼 편이다. 취득세 또한 일반 주택에 비해 4.6%로 높다. 주로 실거주보다 임대를 목적으로 매매를 한다.

28. 상가의 종류와 장단점

(1) 근린상가

주거지역 인근에 입지하여 주민의 생활 편익을 제공하는 상점이 몰려 있는 곳이다. 1종과 2종, 그리고 일부 판매시설이 있다. 근린상가의 상권은 주거지에 인접하고 있기 때문에 안정적인 수입이 가능하다. 그러나 수요에 비해 경쟁 업종이 많으면 안정적인 수입이 어렵다. 상권의 이동이 인근 대형 마트나 백화점, 지하철 등에 따른 가치의 변동성이 있을 수 있다.

약국, 병원, 슈퍼, 미장원, 학원 등과 같이 생활에 필수적이고 집에서 도보 10분 거리 안에 위치한 상가를 말한다. 근린상가 주변에 주택가가 있어 주택가에 사는 사람들을 상대로 비교적 안정적인 수입을 기대할 수 있지만, 근처에 대형 백화점이나 대형 마트 또는 기업형 슈퍼마켓이 있거나 주변에 같은 업종의 상가가 많을 경우에는 소비자들이 이탈하여 안정적인 수입을 기대할 수 없다.

(2) 단지 내 상가

　단지 내 상가는 말 그대로 아파트 단지 안에 있는 상가다. 근린상가와 마찬가지로 입주민의 일상생활에 필요한 업종들이 입점하게 된다. 단지 내 상가는 아파트 단지의 세대수가 많을수록 좋다. 근린상가와 마찬가지로 아파트 입주민들의 배후 수요가 있어 안정적인 수입을 기대할 수 있지만 최근 생활 패턴의 변화로 수입이 축소되고 있다.

　아파트 단지 안에 있는 상가, 근린상가와 마찬가지로 우리 생활에 꼭 필요한 병원, 약국, 제과점, 안경원, 학원, 체육관 등이 있다. 상가가 단지 안에 있어 아파트 입주민들의 수요가 뒷받침되어 근린상가보다 안정적인 월수입을 보장할 수 있다.

(3) 중심상가

　중심상가는 지역 내 중심에 위치하여 유동인구가 많은 곳을 말하지만, 신도시 공급으로 신도시 내 중심 상업지에 위치한 상가를 일컫기도 한다. 대체로 업종 제한이 없으며 상권 형성이 완료된 시점에는 초기 투자에 비해 많은 시세차익과 안정적인 수입을 기대할 수 있다. 하지만 전반적으로 미래 가치가 포함되어 자본금이 많이 들어가며 상권 형성이 되기까지 시간이 많이 소비되고 자칫 공실 기간이 길어지면 대출이자, 관리비가 연체될 수 있다.

(4) 주상복합, 오피스텔 상가

주상복합상가는 건물, 즉 빌딩 내에 주거용 시설과 상업용 시설이 함께 있는 것을 말한다. 보통 하층부인 지하 1~2층부터 지상 2~6층까지는 근린생활시설 등의 상업시설로 빵집, 안경원, 커피숍, 은행, 음식점, 병원 등 상층부 입주민들의 생활편의를 위한 업종들이 들어오게 된다. 상층부인 4~6층 이상은 주거용 오피스텔이나 도시형 생활주택 등 주택의 용도로 사용한다.

지하철역을 중심으로 역세권에 위치하는 경우가 많아 기본적인 상권 형성이 이루어져 안정적인 수입이 보장된다. 대부분의 상가에 비해 상가 전용률이 낮으며 실사용 면적 대비 가격이 비쌀 수 있다. 기존의 상가와 업종이 유사할 경우 경쟁 관계로 밀릴 수 있어 업종 선택 시에도 주의해야 한다.

주로 지하철역의 근처에 짓는 주상복합아파트나 오피스텔 안에 있는 상가, 건물의 지하나 지상 1~3층에 위치한다. 오피스텔 상가의 경우 입주민들을 대상으로 하는 편의점이나 세탁소 같은 업종이 잘된다. 지하철역 근처에 있다 보니 다른 상가에 비해 비싸고,

전용면적이 매우 작다.

(5) 테마형 상가

테마형 상가는 쇼핑몰, 전자상가, 공구상가 등 유사한 업종들이 한곳에 모여 있는 상가다. 우리가 흔히 알고 있는 남대문과 동대문 의류상가를 생각하면 된다.

대부분 작은 평형으로 분양하기 때문에 소액 투자가 가능하고 수익률도 높은 편이다. 상권의 형성이 빠르기 때문에 안정적인 수익도 보장할 수 있다. 반면, 유사한 업종이 모이므로 초기 과열 경쟁이 될 수 있으며, 상가가 활성화되지 않으면 공실의 우려가 있고, 가시성이 낮아 매매가 어려울 수 있다.

상가 매매계약서 작성 전 확인해야 할 사항

㉠ 상가의 투자 가치를 확인: 매매대금 비교 검토, 토지이용계획확인서(향후 개발계획, 각종 규제지역 여부 등), 건축물대장(지역, 용도, 건폐율, 용적률), 입지조건(교통, 상권, 유동인구 등)을 확인한다.

㉡ 상가의 수익률 분석: 임차인의 보증금과 월세를 분석하고 금융이자 대비 어느 정도의 수익인지 확인하고 부가세, 임대관리비, 세금, 유지보수비, 주차 문제, 공실률 등을 분석한다.

㉢ 상가의 권리분석: 건축물대장을 발급받아 위반 건축물이 있는지 확인하고 등기사항전부증명서를 발급받아 소유권, 신탁등기, 소유권을 제한하는 권리를 확인한다. 또 국세나 지방세의 납부를 확인하고, 압류나 가압류를 확인한다.

㉣ 세를 안고 매매: 현 임대차 계약에 대한 임대인의 지위 승계 여부를 확인한다. 모든 권리와 의무를 승계받는 조건이어야 한다.

29. 꼬마빌딩투자

(1) 꼬마빌딩 건물주가 되는 길

어느 누가 캠핑장에서 아침을 맞이하는데 휴대폰 카카오톡 문자 소리가 들린다. 꼬마빌딩의 주인이 되어 임대료 날짜에 맞춰 세입자들로부터 정말 꼬박꼬박 들어오는 임대료다. 캠핑장에서 쉬고 있어도, 내 새끼 같은 건물들은 열심히 돈을 벌고 있으니까 패시브 인컴이다. 이 책에서 강조하였던, 내가 잠든 밤에도 돈이 들어오는 현실이 되었다. 시세차익도 2배로 매도할 예정이라 하니 성공적인 투자다.

건물주가 목표인 분들이 많다. 그러나 딱 꿈만 꾸고 행동하지 않는다. 아무리 좋은 목표를 세운들 실행하지 않으면 그 꿈은 힘을 잃는다.

기회는 준비된 자만이 가질 수 있다. 모든 조건이 100% 완벽하게 갖춰진 먼 미래에 알아본다면, 10억 원 이상의 확실한 수익이 보장된 꼬마빌딩 급매를 놓칠 수도 있다. 그리고 완벽한 미래가 언제 올지, 과연 이번 생에는 진짜 올지 그것도 불안하다. 막연한 미래로 나의 투자를 미루는 것보다 확실한 현재인 지금부터 시작하는 것을 추천한다.

투자와 가성비 측면에서 꼬마빌딩이 아파트보다 더 쉽고 유리하다. 아파트는 주거용 부동산으로 정부의 규제가 심해서 대출과 세금 정책이 자주 변하기 때문에 예측이 쉽지 않다는 단점이 있다. 하지만 꼬마빌딩은 상업용 부동산이기에 정부의 규제에서 비교적 자유롭고 대출도 사업자로 진행되기에 높은 금액의 부동산을 구입할 수 있다. 또한 투자자가 어떻게 가치상승(리모델링, 신축 등)을 시키느냐에 따라 부동산의 가격이 완전히 달라진다.

(2) 꼬마빌딩을 찾는 방법

꼬마빌딩 매물을 찾는 방법은 온라인과 오프라인으로 나뉜다. 온라인으로 볼 수 있는 방법은 크게 '밸류맵'과 '네이버 부동산', 이렇게 2가지가 있다.

① 밸류맵

예전 빌딩 시장은 아는 사람들끼리만 거래하거나 오픈하면 가격이 떨어진다고 온라인에 올리지 않았는데 빌딩 전문 중개 법인에서도 꼬마빌딩투자자들이 밸류맵을 매우 잘 쓰는 걸 알기 때문에 더 적극적으로 올린다.

② 네이버 부동산

전 국민의 부동산 플랫폼으로, 예전에는 상가 매물들 위주로 올라왔는데 요즘은 꼬마빌딩도 많이 올라온다. 지역 부동산 사장님들이 갖고 있는 물건들이 많다.

③ 빌딩 전문 중개 법인

우리나라에는 오프라인으로 빌딩만 전문으로 하는 중개 법인이 많다. 이 법인들은 빌딩만 다루기 때문에 해당 분야에 대해 전문적이다. 또 매수뿐만 아니라 세금, 법률, 건축 등 관련된 분야들도 잘 알고 있다.

④ 지역 부동산

지역 부동산이란 그 물건이 있는 해당 지역의 부동산을 말한다. 예를 들어 논현동 꼬마빌딩을 보고 있다면 그 근처에 있는 논현동 부동산을 뜻한다. 지역 부동산 사장은 그곳에 머물고 있기에 해당 지역의 상권과 역사 등에 대해 매우 잘 알고 있다.

(3) 좋은 꼬마빌딩 고르기

앞의 4가지 방법 중에서 나에게 맞는 빌딩 중개 법인을 찾는 것을 추천한다. 나와 맞는 빌딩 전문 중개 법인을 찾아서 담당자를 통해 물건을 받는 것이 가장 효율적이다. 그리고 나의 투자 성향에 맞는 물건들을 골라서 주기 때문에 훨씬 더 집중해서 물건을 분석할 수 있다.

1차로 온라인(밸류맵, 네이버 부동산)으로 해당 지역의 물건들이 있는지 보고, 2차로 발품, 즉 임장을 갈 때 지역 부동산에 꼭 들러서 물건이 있는지 확인한다.

꼬마빌딩 보는 시야를 넓히기 위해서는 밸류맵을 켜보기를 추천한다. 매일 가는 곳마다 밸류맵을 통해서 실제 얼마에 거래되었고, 어떻게 돈을 벌었고, 지금 시세가 어느 정도인지 계속 보게 된다.

밸류맵에서 물건을 검색할 때 필터의 옵션을 보면 토지로 검색하고 봐야 한다. 건물로 검색하면 안 된다. 우리가 꼬마빌딩에 투자하는 이유는 사실 건물을 사려는 게 아니고 그 건물의 토지를 사려고 하는 것이다.

사실 건물은 점점 노후화되어 가치가 줄어들고 실제 신축 건물과 구축 건물은 완전히 다르다. 하지만 토지는 희소성 때문에 가치가 점점 상승한다.

꼬마빌딩에 투자할 때는 건물 가격을 보는 게 아니라 토지의 가격으로 판단한다. 토지를 어떻게 활용할 수 있는지(상권, 위치, 유동인구, 용적률 등)가 가장 중요하다. 물론 테헤란로의 연면적 4천 평 되는 대형 오피스 건물은 연면적당 가격이 중요하지만 대부분은 토지 평당 가격을 본다. 이렇게 해야 상대적으로 더 정확하고 객관적인 비교가 가능하기 때문이다. 토지의 활용도를 보고 토지의 가격을 매긴다.

(4) 좋은 중개 법인 선택하기

좋은 매물을 소개하는 중개 법인을 어떻게 찾을까? 특히 꼬마빌딩은 다른 부동산투자와 다르게 단위가 훨씬 높기 때문에 매물을 소개하는 중개 법인이 매우 중요하다.

좋은 빌딩 중개 법인을 선택할 수 있는 3가지 기준은 아래와 같다.

① 꼬마빌딩 매물이 많은 부동산

꼬마빌딩은 모든 물건들이 공장에서 찍어낸 제품이 아니고 하나부터 열까지 다 다르기 때문에 비교하는 게 정말 중요하다. 그러므로 매물이 많은 부동산이 좋다.

② 경험이 많은 부동산

꼬마빌딩은 거래금액도 높고 각각의 특수성이 있기 때문에 그에 맞는 특약을 넣는 게 굉장히 중요하다.

또한 아파트와 다르게 매수 전 확인해야 되는 사항들(건축선 후퇴, 도로점용료 납부 여부, 불법 건축물 유무 등)도 많다. 매수자가 전부 알기는 어렵고, 이럴 때는 정말 경험이 많은 부동산이 옆에서 하나씩 체크해주고 내가 모르거나 놓치고 있는 것까지 파악해서 알려주는 것이 정말 큰 힘이 된다.

무엇보다 매수자 혹은 매도자 조건에서 어떤 특약 사항을 넣어야 나중에 불미스러운 일을 예방할 수 있는지도 알려준다면 정말 좋다.

③ 최신 정보가 가장 빠르고 정확한 부동산

매물이 많고 경험이 많은 부동산을 찾았는데 최신 정보(최근 거래 사례, 꼬마빌딩 관련 정부 정책, 세금 변화 등)가 전혀 업데이트되어 있지 않다면 문제가 있다.

예를 들어 내가 매수하려는 꼬마빌딩 근처에서 최근 다른 꼬마빌딩이 매매가 되었는데 그걸 부동산에서 빠르게 알려준다면 신뢰도가 커진다.

또한 꼬마빌딩 관련한 정책(용도변경 이슈, 토지거래허가제 연장 혹은 해제, 관련 세금 정책 등)을 발 빠르게 업데이트하지 않는다면 피해는 투자자의 몫이기 때문에 발 빠른 정보들을 정확히 알고 있는 것이 무엇보다 중요하다.

(5) 꼬마빌딩 매수 조건

여러분이 꿈꾸는 완벽한 꼬마빌딩은 어떤 물건인가? 상권도 괜찮고, 진짜 싸고, 진짜 좋은 물건을 찾고 있나?

□ 정말 좋은 상권 안에서도
□ 가장 유동인구가 많은 곳에 위치하며

□ 아주 좋은 자재로 멋있게 지어진 건물에

□ 스타벅스 같은 우량 임차인들이 들어가 있고

□ 비가 오나 눈이 오나 아주 튼튼해서 정말 관리할 게 없고

□ 심지어 가격이 매우 저렴하다!

하지만 단언컨대 지구상에 이렇게 완벽한 물건은 없다. 우리는 이 세상에서 가장 완벽한 꼬마빌딩을 찾는 게 아니다. 이 세상에 완벽한 이상형이 존재하지 않는 것처럼, 완벽한 꼬마빌딩도 존재하지 않는다.

그리고 모두가 좋아하는 물건은 당연히 비싸고, 무엇보다 소유주가 절대로 팔지 않는다. 지금 시장에 나온 매물들을 계속 비교해서 내가 가장 잘 키울 수 있는(시세차익을 가장 높게 만들 수 있는) 매물을 찾는 것이다. 그러려면 자신만의 우선순위를 정하고, 매물을 비교하는 것으로 시작해야 한다.

① 가격

각자 실제로 투자할 수 있는 금액들이 정해져 있기 때문에 본인의 현금에 맞춰서 매가를 정해놓고 부동산을 통해 다 받아서 비교한다.

내가 투자할 금액(예산)이 정해져 있다면 매수할 꼬마빌딩에 대한

금액도 계산할 수 있다. 매수할 물건을 정하고 은행에 대출 가능한 금액을 확인하고 기타 세금과 부대비용을 확인하면 된다. 고금리에 대출 비율을 줄이려는 경향이 있다.

② 꼬마빌딩의 위치

위치는 크게 어떤 상권에 포함되어 있는지와, 그 상권에서도 어디에 있는지에 따라서 다르다. 평소에 관심을 갖고 최대한 자주 임장을 다니면서 지역의 특성과 상권 등을 정확히 파악하고 분석한다.

(6) 상권의 종류와 특징

상권은 사실 딱 한 가지 특성을 가진 곳도 있지만 명동이나 강남역처럼 다양한 상권들이 혼재되어 있는 곳들도 많다. 그리고 상권마다 임차인의 특성도 매우 다르기 때문에 향후 임대도 고려한다면 전략적으로 접근해야 한다.

여기서 더 나아가 같은 상권이어도 어느 꼬마빌딩은 유동인구가 아주 많은 메인 자리 코너에 있고, 다른 꼬마빌딩은 유동인구가 거의 없는 이면의 구석에 위치한다고 했을 때 이 두 꼬마빌딩은 같은 곳에 있다고 볼 수 없다. 그러므로 위치를 볼 때는 해당 상권과 실제 위치까지 정확히 파악하는 것이 좋다.

역세권

서울의 지하철역들 기준으로 유동인구가 많은 인근 상권, 보통 역으로부터 약 500m 이내를 말한다.

7일 상권

1주일 중 무려 7일이나 매일 바쁘고 사람이 많은 상권(여의도, 도산대로, 성수동 등) 7일 상권이 유지되려면 '오피스, 먹자, 주거 상권'이 혼합되어야 가능하다.

오피스 상권

직장인들이 많이 근무하는 지역이며, 대형 오피스를 사용하는 임차인이 많이 분포된 곳이다. 주 5일 근무 영향으로 5일 상권이다. 주말은 매우 조용하고 평일과 주말의 차이가 극단적이다(광화문, 테헤란로 등).

먹자 상권 또는 유흥가 상권

먹거리 식당들이 즐비한 상권 또는 밤 문화와 엔터테인먼트를 위한 지역으로 클럽, 바, 레스토랑이 밀집한 곳이다(이태원, 압구정 로데오). 낮보다는 밤, 심지어 새벽까지의 분위기를 확인해야 한다.

관광지 상권

지방 혹은 외국 관광객들이 많이 방문하는 상권이다(명동, 익선동 등). 가장 지가가 비싼 곳 중 하나다.

대학가 상권

대학교 근처 상권이며(서울 주요 대학 인근 상권들) 지가가 저렴한 편이다.

학원가 상권

중고등학생들이 다니는 학원들이 많은 상권이다(대치동, 목동, 중계동 등). 의외로 임대수익률이 높으며 지가도 높은 편에 속한다.

동네 상권

아파트가 많은 지역의 동네 항아리 상권들이다.

(7) 꼬마빌딩의 투자 기간

한 물건당 투자 기간을 3년으로 정하고 3년 안에 시세차익을 최대로 볼 수 있는 물건들을 검토한다. 보통 꼬마빌딩투자는 한 물건당 3~5년 정도로 한다. 물론 꼬마빌딩이 아주 잘나갈 때는 6개월

만에 단타를 하는 사람도 있다. 시장 상황은 좋을 때도 있지만 예상치 못한 고금리와 경기 침체로 좋지 않을 경우도 생각을 해야 한다. 실제로 급매물로 나온 물건들 중 높은 이자를 버티지 못하고 손해를 감수하고 나온 물건들이 있다. 그러므로 이 2가지 조건을 우선시하여 꼬마빌딩을 리모델링하고 임대 세팅을 성공적으로 하여 무럭무럭 자라게 해야 한다.

　꼬마빌딩은 각자의 개성이 매우 강한 부동산이다. 아파트처럼 공통점이 많은 부동산이 아니다. 어떤 상권에 있는지, 어떤 위치에 있는지, 같은 이면이어도 얼마나 안쪽에 있는지, 어떻게 생겼는지, 임차인이 누구인지 등에 따라서 완전히 다르다.

(8) 꼬마빌딩 임장 시 확인 사항

　반드시 매수하기 전에 꼭 해당 물건을 직접 눈으로 보고 중요 사항들을 체크해야 한다. 내가 사려고 하는 꼬마빌딩의 가격이 이게 맞는 가격인지 확인하기 위해서 답사를 갈 때 최소한 아래의 조건들은 모두 확인해야 한다.

① 꼬마빌딩의 시간대별 상태

꼬마빌딩은 평일 또는 주말이 다르고 같은 날이어도 낮과 저녁이 다르다. 그래서 언제 가느냐에 따라 전혀 다른 모습을 볼 수 있다. 그래서 매수를 목적으로 한 답사라면 최소 3~4번은 가야 한다. 평일 낮, 평일 저녁, 주말 낮, 주말 저녁 이렇게 나눠서 정확히 파악을 한다. 예를 들어 오피스 상권에 속해 있다면 주 5일 상권인데, 주말에 가서 보면 건너뛰게 될 것이다.

② 건물 내외부 확인

건물 외부는 누군가 가리지 않는 한 얼마든지 확인할 수 있다. 여기서 포인트는 위반 건축물 여부다. 설계도면과 현재의 내부 모습은 다를 수 있는데, 임차인이 내부를 거의 보여주지 않는다. 그럼 내부를 어떻게 확인할까?

바로 고객으로서 그 건물에 들어가면 된다. 음식점이나 카페면 식사나 커피 한잔하면서 내부 사진도 찍을 수 있다.

③ 임차 현황 및 주변 임차 상황 확인

　전 주인이 계약한 임차인의 경우, 새롭게 주인이 바뀐다면 임차인은 계약 기간과 관계없이 계약 해지를 요구할 수 있다. 그래서 지금 내가 매수할 물건의 임대수익률이 매우 좋아도 덜컥 계약하는 게 아니라 혹시 임차인이 다 나가고 내가 새로 세팅하면 수익률이 얼마일지를 꼭 조사해야 한다.

　그 임대료 기준으로 매수 후 내가 원하는 시세차익까지 버틸 수 있는지 계산하고 투자 여부를 결정해야 한다. 추가로 꼬마빌딩이 위치한 동네 부동산 2~3곳에 들러 주변 상권 이야기와 현재 임대 상황, 개발 호재 등을 물어보는 것도 큰 도움이 된다.

　임차인 입장에서 먼저 현재 상권에 대해서 자연스럽게 물어보면서 궁금한 것들을 확인하면 된다. 해당 물건뿐만 아니라 주변에 나온 매물들도 모두 보고 최근 거래한 사례들도 모두 보고 온다. 항상 매물을 볼 때는 진짜 살 것처럼 연습해야 매수 결정 때 후회하지 않는 최고의 선택을 할 수 있다.

(9) 꼬마빌딩 투자 시 주의 사항과 전략

　꼬마빌딩은 주로 준주거지역이나 상업지역에 위치한, 건물 전체가 상가나 사무실로만 구성된 근린생활시설의 건물을 의미한다. 그럼에도 불구하고, 꼬마빌딩투자는 금리 상승에 따른 대출이자 의 부담과 경기 침체 등으로 인한 공실에 대한 압박이 큰 투자처이 기 때문에 투자 전 신중한 판단이 필요하다.

환금성에 맞춘 전략

환금성은 투자한 자금을 얼마나 빠르게 현금화할 수 있는지를 의미한다. 꼬마빌딩투자에는 20~30억 원 이상 큰 금액이 필요하 므로, 당장의 수익성보다는 언제든 되팔 수 있는 환금성에 더욱 중점을 두는 것이 중요하다.

검증된 체크리스트를 활용하여 우량 매물을 선별

상권 안정성, 확장성, 유동인구, 물리적 조건, 임차인의 업종, 재 무상황 등 다양한 요소를 고려해 우량한 매물을 찾아야 한다.

눈에 보이는 임대수익률에 현혹되지 말아야

임대수익률은 투자수익과 위험을 함께 고려해야 하는 요소다. 지나치게 높은 임대수익률은 높은 위험을 의미할 수 있으므로, 임대수익률이 시장 평균치보다 현저히 높은 경우 그 이유를 정 확히 파악해야 한다.

현장조사 및 임대차 계약서를 통해 확인된 내용에 의존

꼼꼼한 현장조사와 임대차 계약서의 내용을 확인하여 계약 기간, 임대료, 관리비, 권리금, 부가가치세, 연체료, 원상복구 조건 등을 정확히 파악해야 한다.

꼬마빌딩투자의 전략

투자는 언제나 신중해야 하는데, 꼬마빌딩투자는 그중에서도 특히 그렇다. 꾸준한 장기 임대수익 목적의 꼬마빌딩 매수보다는 법인(설립)을 통한 높은 대출한도와 짧은 보유 기간에도 낮은 양도소득세율을 적용받을 수 있다는 장점을 잘 활용하는 것이 괜찮아 보인다. 경매나 급매로 저렴하게 나온 꼬마빌딩을 매수 후 적당한 리모델링을 통해 우수 임차인을 맞추고 단기간의 시세차익을 노려보는 것도 좋은 접근 방법이다.

현대인들이 가장 원하는 삶 중에 하나는 건물주가 되는 삶일 것이다. 좋은 위치의 건물을 매입하여 월세를 받는 건물주가 되어서, 삶의 자유를 누리고 싶은 소망은 누구나 갖고 있다. 도전하라. 이루어진다.

꼬마빌딩 매매 시 주요한 고려 사항은 다음과 같다.
㉠ 예산 및 금융계획: 매매비용, 자금조달 및 운영비용
㉡ 법적 검토: 부동산 계약서와 관련된 모든 법적 문서
㉢ 임차인 계약: 임대계약을 확인하고 임대 기간, 임대료, 조건을 파악
㉣ 건물 상태 검토: 필요한 보수 및 개선 사항 평가
㉤ 지역 시장조사: 해당 지역 부동산 시장조사로 잠재적 가능성 평가
㉥ 세금 및 관련비용: 부동산 매매와 관련된 세금, 수수료, 유지보수비
㉦ 금융기관과 협상: 금융지원이 필요한 경우, 여러 금융기관과 협상
㉧ 전문가와 상담: 부동산 중개인, 변호사, 회계사 등
㉨ 투자목적 고려: 매매 목적이 투자인지, 자기 사업 용도인지 결정
㉩ 장기적인 계획: 장기적인 수익과 가치 증대를 고려하여 투자

30. 개발행위, 건축허가

(1) 개발행위허가

개발행위허가제도는 국토의 난개발을 방지하고 계획적 관리를 도모하기 위해 개발행위에 대하여 계획의 적정성, 기반시설의 확보 여부, 주변 경관 및 환경과의 조화 등을 고려하여 허가 여부를 결정하는 제도를 말한다. 모든 토지는 이웃 토지와 서로 연접되어 있어 어느 한 토지의 개발행위가 인접 토지의 이용에 막대한 영향을 미칠 수 있다. 따라서 개발행위허가의 절차를 마련하여 해당 개발행위가 인접 토지의 이용과 조화로운지, 상위 계획의 내용에 부합하는지 등을 사전에 검토함으로써 토지의 효율적 이용과 도시관리계획의 원활한 집행을 도모한다.

(2) 개발행위허가의 대상

　개발행위란 건축물의 건축 또는 공작물의 설치, 토지의 형질 변경, 토석의 채취, 토지분할, 녹지지역, 관리지역, 자연환경보전지역에 물건을 1개월 이상 쌓아놓는 행위를 말한다.

　개발행위허가권자(특별시장, 광역시장, 시장, 군수 등)는 개발행위의 규모가 용도지역별 특성에 적합하고, 도시관리계획 및 성장관리방안에 부합하며, 도시계획사업의 시행에 지장이 없고, 주변 지역의 토지이용계획, 건축물의 높이, 토지의 경사도 등 주변 환경이나 경관과 조화를 이루고, 기반시설의 설치 계획이 적절한지 여부를 종합적으로 검토한 후 허가 여부를 결정한다. 개발행위허가의 기준은 지역 특성을 고려하여 시가화용도, 유보용도, 보전용도로 구분하고 각 지역별로 차등 적용한다.

(3) 개발행위허가의 절차

　개발행위를 하고자 하는 자는 그 개발행위에 따른 기반시설의 설치, 용지의 확보, 위해 방지, 환경오염 방지, 경관 조경 등에 관한 계획서 등을 개발행위허가권자에게 제출해야 한다. 허가권자는 개발행위허가 신청 내용을 허가 기준에 따라 검토하고 관련 부서 및 기관이나 해당 지역의 도시계획사업시행자의 의견을 듣는다. 또한, 법률로 정하는 일정 기준에 해당하는 경우 중앙도시계획위원회나 지방도시계획위원회의 심의를 거쳐야 한다.

(4) 건축허가

건축허가란 건축물을 건축하거나 대수선하려는 경우에 '건축법'에서 정하는 건축물의 대지, 구조, 설비, 용도 등의 기준에 부합하는지를 사전에 검토한 후 허가 여부를 결정함으로써 건축물의 안전, 기능, 환경, 미관을 증진하고자 하는 제도를 말한다.

(5) 건축허가의 대상

건축허가권자는 일반적으로 시장, 군수, 구청장이지만 건축물의 층수가 21층 이상이거나 연면적의 합계가 10만㎡ 이상 등으로 아래 표와 같은 경우에는 특별시장 또는 광역시장의 허가를 받아야 한다.

허가 대상	허가권자
건축 또는 대수선	시장, 군수, 구청장
층수 21층 이상	특별시장, 광역시장
연면적 합계가 10만㎡ 이상	
연면적의 3/10 증축으로 층수가 21층 이상이 되거나, 연면적 합계가 10만㎡ 이상 되는 증축	

(6) 건축신고의 대상

건축허가 대상 건축물이라 하더라도 아래 표의 기준에 해당하는 경우에는 허가권자에게 신고를 하면 건축허가를 받은 것으로 간주한다.

행위	지역	건축신고 대상
증축, 개축, 재축	-	연면적 85㎡ 이하
건축	관리, 농림, 자연보전지역	연면적 200㎡ 미만, 3층 미만
대수선		상동, 주요구조부 해체가 없는 경우
건축	-	연면적 100㎡ 미만, 높이 3m 이하 증축
	공업, 제2종지구, 산업단지	연면적 500㎡ 미만의 2층 이하 공장
	농업, 수산업 읍·면 지역	연면적 200㎡ 이하 창고, 연면적 400㎡ 이하 축사

(7) 건축허가의 절차

건축물의 건축 또는 대수선을 허가받으려는 자는 허가신청서에 설계도서 등 관계 서류를 첨부하여 허가권자에게 제출하여야 한다. 허가권자는 '건축기본법'에 따른 한국건축규정 및 관련 법률의 준수 여부를 확인하여 최종적으로 허가 여부를 결정한다.

단, '건축법'에서 정하는 규정에 해당하는 건축물은 건축위원회의 심의를 거쳐야 한다. 그리고 위락시설이나 숙박시설의 용도, 규모, 형태가 주거환경이나 교육환경을 고려할 때 부적합하거나 방재지구 및 자연재해위험개선지구 내에서 지하층 등 일부 공간을 주거용으로 사용하는 등 건축계획의 내용이 부적합하다고 인정되는 경우에는 건축위원회의 심의를 거쳐 허가를 하지 않을 수 있다.

건축허가를 받은 날로부터 1년 이내에 공사에 착수하지 않거나, 공사에 착수를 하였으나 공사의 완료가 불가능하다고 인정하는 경우에는 그 허가를 취소해야 한다. 건축신고의 경우에도 1년 이내 공사에 착수하지 않으면 그 신고의 효력이 사라진다.

(8) 건축위원회의 건축심의

건축심의 대상에 해당하는 건축물의 건축 및 대수선은 건축 혹

지금 당장 시작하는 패시브 인컴 만들기

은 신고 전에 허가권자인 지방건축위원회의 심의를 받아야 한다.
건축심의 대상에 해당되는 건축물은 다음과 같다.

□ 다중이용 건축물 및 특수구조 건축물의 구조안전에 관한 사항
□ 분양을 목적으로 하는 건축물로써 건축조례로 정하는 용도
  및 규모에 해당하는 건축물
□ 다른 법령에서 지방건축위원회의 심의를 받도록 한 경우 해
  당 법령에서 규정한 심의 사항
□ 건축조례로 정하는 건축물의 건축 등에 관한 것으로서 허가
  권자가 지방건축위원회 심의가 필요하다고 인정한 사항

31. 부동산 관련 정보 사이트 및 앱

호갱노노, 아실, 네이버 부동산	아파트 시세
부동산지인	부동산 공급량, 빅데이터
밸류맵	토지가격 시세, 다가구 시세
밸류쇼핑	부동산 가격 기본정보, 가격
디스코	토지가격
한국부동산원	청약 정보, 부동산 정보, 통계
국토부 실거래가 공개시스템	실거래가 조회, 개별공시지가
토지이음	토지이용계획 열람, 도시계획
전국은행연합회	금융상품 정보, 은행 대출
KB부동산	부동산 시세
엑스레이맵	유동인구 분석
랜드북	지역분석, 신축개발, 용적률
네이버 로드뷰	연도별 길거리 보기
세무통	세무사 가격 비교, 세무 관련
네모	부동산 플랫폼, 상가 및 사무실
AI부동산	AI딥러닝, 부동산가격 예측
스마트온비드	공매 어플리케이션
일사편리	부동산 종합증명서 서비스
대법원 인터넷 등기소	부동산 및 법인 등기부등본

지금 당장 시작하는 패시브 인컴 만들기

정부24, 새움터	건축물대장 발급
에브리타임	대학생 원룸, 쉐어하우스
레몬테라스	인테리어 활용 팁
하우스탭	온라인 시공, 토탈 인테리어
오늘의집	인테리어 소품
직방, 다방	빌라, 주택, 원룸
씨리얼	부동산 정보 포털, 정책, 통계
상권 정보	업종별 상권 분석 정보
소상공인마당	창업 관련 정보 제공, 정책자금
모하지상가	인공지능 상가 입지분석

32. 경매 물건 임장 체크리스트

조사일자		물건 종류		소재지		
권리분석	말소기준권리					
	인수권리					
	임차인 분석					
손품조사	온라인상 시세조사					
		최저가격	평균가격	최고가격	전세	월세
	실거래가					
	KB시세					
	네이버 부동산					
	관련 서류 열람 및 검토(확인)			공부상 내용과 현장 다른 점		
	등기사항증명					
	건축물대장					
	매각물건명세					
	현장조사서					
	감정평가서					

		대중교통 및 편의시설				
	지하철 거리			버스정류장		
	마트 / 편의점					
	병원			학교		
		현장 시세조사				
		최저가격	평균가격	최고가격	전세	월세
발품조사	부동산 1					
	부동산 2					
	부동산 3					
	부동산 4					
	부동산 5					
		내외부 상태				
	내부 상태					
	외부 상태					
가격산정	입찰가			필요 금액		
메모						

🪙 맺음말

　딱딱한 경제 책을 읽느라 정말 수고가 많았고, 읽고 난 소감은 어떠한지 필자로서 궁금하다. 이 책에서 습득한 지식이 살아가는 데 도움이 되었으면 한다. 필자가 그동안 시행착오를 겪으며 실패와 성공을 거듭했던 경험을 통해 깨우친 지식들을 모았다. 일상에서 확실한 판단이 서지 않아 결단을 내리지 못했던 사람들에게 유용한 내용이 되리라 생각한다.

　살아가면서 수많은 기회가 오는데도 그런 기회를 알지 못하거나, 경제 지식과 준비가 부족해서 판단을 하지 못하고 보내는 경우가 대부분이다. 오늘 산에 올라 아파트와 빌딩들을 바라보면서 아파트의 주인, 빌딩의 건물주가 될 것을 마음속으로 다짐해보자. 내가 경제를 아는 만큼 부자가 되는 것은 당연한 기본 상식이고, 아무것도 하지 않으면 아무 일도 일어나지 않는다.

　과거는 바꾸지 못해도 미래는 바꿀 수 있다. 여러분의 건투를 바란다!

이종남

이메일: leejn514@hanmail.net